Saggi

CATERINA VENTURINI

Il vostro silenzio non vi proteggerà

Una storia di Audre Lorde

SOLFERINO

SOLFERINO

www.solferino.it

ISBN 978-282-1650-6
Prima edizione: maggio 2025

Per quelle di noi che vivono sul margine
ritte sull'orlo costante della decisione
cruciali e sole
per quelle di noi che non possono lasciarsi andare
ai sogni passeggeri della scelta
che amano sulle soglie mentre vanno e vengono
nelle ore fra un'alba e l'altra.

Audre Lorde, *Litania per la sopravvivenza*

Questo libro è dedicato a tutte le Zami
che lavorano insieme come amiche e amanti.

A Monica e Rossella che mi hanno ospitato
quando non avevo voce.
Ho finito di leggere Zami *a casa loro.*

«Di cosa mai avevo avuto paura?» Un'introduzione

A metà settembre 2022, Barbara Piccolo si fa risentire per sapere a che punto sono con il mio intervento su Audre Lorde che devo pronunciare tra un mese durante la settima edizione di InQuiete, festival di cui lei è, insieme ad altre, inventrice e organizzatrice e a cui io ho partecipato fin dalla sua nascita. Per questo non ho esitato ad accettare un invito arrivato in estate, anche se quest'anno so che potrebbero insorgere dei problemi.

Mi hanno appena asportato l'intera tiroide per un tumore in stadio avanzato e non ho la voce. Anzi, per essere più precisa, ho un taglio che mi percorre la gola da sinistra a destra, che devo tenere scoperto per non farlo infettare e al tempo stesso proteggere dalla luce del sole. Ossia, sostanzialmente, non posso uscire per diversi giorni, ma soprattutto non riesco ancora a emettere suono.

I due chirurghi che mi hanno operato mi hanno detto che non avere voce è l'effetto normale di un intervento di questo tipo e che *quasi* sicuramente nel giro di qualche mese tornerà quella di prima. Non mi sono soffermata su quel «quasi», la cosa che mi preoccupa di più al momento è che non posso ancora recarmi dal logopedista *più bravo della città*, secondo l'amica che me l'ha consigliato, per cominciare il recupero. È troppo presto. Devo ancora riprendermi. L'operazione è stata lunga e i due chirurghi, un oncologo e un endocrinologo, mi hanno fatto capire che forse ne servirà un'altra per *pulire via* completamente tutto. Come suonano pacificanti a volte certi verbi di stampo domestico applicati però a un evento eccezionale come può essere un cancro, uno dei più facili, mi avevano detto all'inizio di questa storia, qualche mese prima, e che poi tale non si è rivelato, essendo stato scoperto piuttosto tardi rispetto al suo esordio, che però non è databile.

Quando ho chiesto se è stato a causa sua che anni fa ho avuto un aborto spontaneo, non mi hanno saputo rispondere: non è chiaro se l'aborto sia stato la conseguenza di un mancato funzionamento ormonale dovuto alla malattia già in atto (non immediatamente evidente però dalle analisi), o la causa del successivo tumore che nel luglio 2022 si è manifestato invece in tutta la sua chiarezza con un valore della tireoglobulina schizzato al massimo, ma io non potevo saperlo. Non sapevo nulla di tireoglobulina e a malapena sapevo a cosa servisse la tiroide. Il corpo è sempre invisibile finché in salute.

Il controllo della tireoglobulina era stato fissato per il giorno prima della mia partenza per Firenze dove avrei presentato il mio terzo romanzo. Ero molto contenta che le date non avessero coinciso, altrimenti avrei spostato l'appuntamento medico in avanti per dare sicuramente la precedenza all'incontro letterario. E invece poi, mentre ero in treno verso Firenze, mi era giunta la telefonata dall'endocrinologa dell'ospedale che mi aveva appena fatto l'esame, la quale mi aveva detto senza ombra di dubbio che dovevo immediatamente tornare da loro due giorni dopo. Che fortuna, mi ero ripetuta, così avrei potuto comunque presentare il libro a Firenze nel pomeriggio, un incontro davanti alla chiesa di Santa Maria Novella a cui avrebbero partecipato soprattutto turisti bisognosi di sedersi un poco, seppure davanti a una sconosciuta che parla.

Al telefono l'endocrinologa, pur con tutta una sua dolcezza che andava oltre la professione e apparteneva senz'altro al carattere, mi aveva fatto capire chiaramente che si trattava di un tumore. Infatti, chiusa la telefonata avevo guardato mio fratello – che mi stava accompagnando – annuendo come a dargli conferma di quello che era appena avvenuto, dicendo però soltanto: «Devo andare in bagno».

Ricordo molto bene il bagno di quell'Intercity con i finestrini completamente aperti per il caldo, il vento che entrava dappertutto alzando la camicia elegante che avevo già indossato per la presentazione di poco dopo, e le mie mani che cercavano di tenersi a un qualche appiglio mentre facevo la cacca in piedi. La paura aveva già trovato un perfetto spazio dentro di me. L'avevo sentita in quel momento percorrere tutto il mio corpo, puntuale ed evidente, e scioglierlo in un afflato di stupore.

Mi ero ripulita riuscendo persino a improvvisare un bidè, il vento sempre tra i capelli, bellissimo, come una tempesta – a volersi immaginare un'epica del momento – che infuriava in quel microspazio predisposto non solo per i bisogni corporali, ma evidentemente anche psichici dei viaggiatori. E delle viaggiatrici come me.

Era cominciata una nuova avventura e io non sapevo nulla di come si doveva vivere.

Intanto Barbara Piccolo non aveva mai smesso di scrivermi e di chiedere come stava andando, anche quando le avevo detto che avrei dovuto operarmi a fine estate e non sapevo quando avrei risolto la cosa. Percepivo le sue domande discrete, affettuose, pur con il ritmo di un metronomo che andava in realtà a significarmi quello che *non* stavo facendo per prepararmi al festival. Quando poi le avevo scritto che dopo l'operazione forse non avrei avuto la voce, lei mi aveva risposto: «Appunto... Forse! Poi vediamo. Tu intanto scrivi» ma io, più che scrivere, stavo ancora leggendo.

Ho avuto la fortuna di conoscere le parole di Audre Lorde già nei primi anni Duemila all'Università La Sapienza di Roma, quando circolavano sotto forma di fotocopia traduzioni quasi clandestine di donne e femministe che l'avevano incontrata personalmente negli Stati Uniti, o ne avevano già apprezzato gli articoli studiando in qualche università del Nord America. Gli studi post-coloniali (oggi decoloniali) si stavano appena sviluppando qui in Italia. Ricordo nitidamente che un giorno una compagna di dottorato, Sonia Sabelli, aveva tenuto per noi una lezione sul femminismo non bianco di Audre Lorde e bell hooks.

Per me erano anni di scoperte continue e quel dottorato in Storia delle scritture femminili, progenitore in Italia dei futuri Studi di genere, avrebbe costituito una vera e propria svolta nel mio modo di conoscere, di pensare e di essere. Venendo dalla provincia umbra non avevo avuto vere esperienze femministe come alcune mie compagne romane che, pur essendo nate negli anni Ottanta, avevano tentato di costituire, in licei molto avanzati dal punto di vista politico, addirittura dei gruppi di autocoscienza che guardavano con ammirazione alle «madri» storiche del femminismo dei Settanta. Per me che avevo vissuto le pratiche femministe solo sui libri, e dunque non ne avevo alcuna memoria fisica, quel dottorato e il laboratorio dedicato ad Anna Rita Simeone (oggi Sguardi sulle differenze), in cui ogni sabato leggevamo nuovi testi italiani e stranieri, diventarono degli inizi assai promettenti di un modo di guardare e di stare nel mondo, che non mi avrebbe più abbandonato: quello femminista, in un momento in cui sembrava che nei Paesi occidentali, ancora in qualche modo influenzati dalla controcultura dei collettivi post-sessantotteschi, di femminismo non ci fosse più bisogno.

E invece, per fortuna, eravamo già lì. Negli studi, nei laboratori, nelle case, dopo chi ci aveva preceduto nelle piazze. A studiare pensieri nuovi, a interrogarci, a conoscere e a conoscerci.

Però l'autobiografia di Lorde, *Zami. Così riscrivo il mio nome*, non l'avevo letta. Anche perché, pur essendo uscito negli Stati Uniti nel 1982, in Italia dovevano ancora passare trent'anni perché Grazia Dicanio lo traducesse e Liana Borghi con la consueta cura introducesse il libro al pubblico italiano nel 2014 per Edizioni ETS. Ma io non lo lessi neppure allora, mi sfuggì come sfuggono molti libri che ci interessano, ma di cui rimandiamo la lettura a tempi diversi.

L'incontro con *Zami* è avvenuto in un ospedale di periferia praticamente attaccato – quando l'ho scoperto non ho potuto fare a meno di sorridere – al liceo in cui per anni ho rimandato di insegnare come docente di ruolo, pur essendo stata a quello assegnata, per via del mio soggiorno negli Stati Uniti.

Invece, in quel fine estate 2022, il destino mi conduce a ricoverarmi, nel doppio senso del ristoro e della locazione, proprio lì dove non ero mai potuta, o voluta, andare. Ho «congelato» una cattedra di Lettere anni prima seguendo un marito all'estero. E ora ripiombo proprio lì, a Tor de' Schiavi, non appunto in quel liceo dove non ho mai messo piede, ma nell'ospedale accanto che nonostante la mia ingratitudine – perché per la mia morale umbra non prendere un lavoro è sempre una specie di onta – s'incarica di salvarmi la vita «togliendomi una pallina dal collo», così ho detto a mio figlio di nove anni, e quell'immagine di me come un flipper riesce anche un poco a divertirmi.

Ho deciso di portarmi da leggere *Zami* in ospedale non solo perché tra un mese dovrò parlarne in pubblico, ma perché ha una copertina arancione che mi fa, a guardarla, molta allegria. E la cosa strana è che solo dopo essere uscita da lì mi ricordo che Lorde ha scritto anche *The Cancer Journals*, essendosi ammalata lei stessa, e poi in un secondo momento *A Burst of Light* (Un'esplosione di luce). Stralci di questi suoi diari della malattia sono usciti parzialmente in Italia con la prima edizione di *Sorella Outsider* del 2014, ma io sono pronta a leggerli probabilmente solo dopo aver affrontato la mia operazione. Allora trovo quelle *altre* parole di Lorde ad accogliermi, ma solo dopo, seppure la maggior parte degli articoli precedenti alla pubblicazione dei *Diari* fosse stata completamente intessuta di questa sua esperienza.

Nell'articolo che avevo letto a vent'anni Lorde scriveva che nelle settimane in cui aveva dovuto aspettare la diagnosi di un nodulo al seno (all'inizio, peraltro, benigna) era stata «costretta» a guardare a sé stessa «con una chiarezza impietosa e urgente» che l'aveva lasciata scossa, ma anche molto più forte.

Diventava così ancora più imperioso condividere l'esperienza con altre donne, soprattutto l'esperienza della paura:

> Diventando forzosamente ed essenzialmente consapevole della mia mortalità, e di quello che desideravo e volevo per la mia vita, per quanto breve possa essere, le priorità mi sono balzate agli occhi in una luce impietosa, e quello che più rimpiangevo erano i miei silenzi. Di cosa mai avevo avuto paura? Ho cominciato così a riconoscere una fonte di potere dentro di me: il sapere che, pur essendo molto desiderabile non avere paura, imparare a ridimensionare la paura mi dava grande forza.

«Pur essendo molto desiderabile non avere paura...» Leggo la frase poco dopo l'operazione e nessun desiderio mi appare più «desiderabile» e più dolce di quello: non avere paura. Ma al tempo stesso sento una tale vulnerabilità in quelle parole di Lorde, una forza mai avuta prima che consiste nello starci assieme con quella paura, imparare ad averci a che fare il meglio possibile e rientrare in contatto con il proprio corpo che è tutt'uno con il pensiero, con quel *deep feeling*, un sentire profondo, un amore per la nostra persona che dimentichiamo nella vita di tutti i giorni perché non si palesa, non ne ha bisogno, schiacciato dai nostri passi veloci, dai nostri nervosismi più beceri. E fragili.

Continuo a leggere Lorde che dice: «Una volta che accettiamo il fatto concreto della nostra morte, chi potrà ancora avere potere su di noi?».

È metà settembre e sono uscita da poco dall'ospedale. Mio figlio ha già perso troppi giorni di scuola in una parte di America in cui la scuola comincia inopinatamente ad agosto. Lo saluto una mattina presto pensando sia la cosa migliore da fare, l'equilibrio migliore da mantenere, che lui possa per un certo periodo continuare la sua vita insieme a un padre che se ne prenderà amorosamente cura mentre io continuo le terapie in Italia. Non è l'unica scelta possibile, ma è la mia (la nostra) in quel momento e ancora oggi non me ne sono mai pentita. Anche se appena si chiude la porta dietro le sue spalle, mi sento cadere. Sono svuotata. A pezzi.

Poche ore dopo, quella stessa mattina, mi scrive Sara De Simone per invitarmi a parlare di Louise Bourgeois al festival Eccentriche di Bologna. È singolare ricevere tutti questi inviti in Italia, dopo anni che sono fuori e che partecipo pochissimo alla vita culturale del Paese, proprio ora che non potrò forse – sempre «forse» in quei giorni – presenziare. Eppure accetto. Non mi basta essere in dubbio con Barbara per Audre Lorde, studiando e scrivendo un intervento che non so ancora se riuscirò a pronunciare, ora si somma un altro impegno con Sara.

Guardo anche loro, entrambe, con sconcerto poiché mi pare condividano la mia stessa follia: non si rendono conto che sono uscita dall'operazione completamente muta? Sono stata salvata, ma silenziata. Non capiscono che stanno puntando su un cavallo zoppo? Che dovranno quasi senz'altro sostituirmi? Che senso ha? Manca solo un mese.

Non smettono mai di scrivermi. Anche adesso che mi sono trasferita a casa di Monica e Rossella che mi fanno le punture di cortisone. Barbara e Sara, come dandosi il cambio senza saperlo, mi scrivono alternativamente: «Come va? Tutto bene? Stai scrivendo?». Io le aggiorno sui controlli, sul fatto che il mio nuovo endocrinologo ha uno studio sul lago e che ogni volta che devo andare da lui porto a pranzo in trattoria chi mi ha accompagnato con la macchina: mi è impossibile pensare una cosa dolorosa senza mettercene accanto una piacevole.

Ma la voce non torna. Proprio in quel momento leggo Lorde che dice: «Sarei morta, presto o tardi, che avessi parlato o no. I miei silenzi non mi avevano protetta. Il vostro silenzio non vi proteggerà».

Mai come in quel momento sento che non sto in silenzio: leggo, scrivo, sono a contatto con le parole e con la vita di due donne, due artiste, che mi fanno alzare la mattina con la voglia di lavorare mentre Monica e Rossella mi curano, preparano il pranzo e la cena, portano fuori i loro cani che poi mi saltano addosso e fanno festa appena rientrati. La mia voce è ancora un sussurro, ma risuona dentro di me quella di Audre Lorde che parla al posto mio, delle mie amiche, di tutte, di quelle che mi stanno accanto e di quelle che mi hanno inviato dai medici che mi curano: «Erano la cura e l'affetto di tutte quelle donne a darmi forza e a farmi essere in grado di analizzare gli elementi essenziali della mia vita».

Non solo, Lorde in un intervento pubblico del '79 dice una cosa fondamentale:

> Per le donne, il bisogno e il desiderio di prendersi cura l'una dell'altra non è patologico, bensì salvifico, ed è a partire da questa conoscenza che si riscopre il nostro vero potere. È questo legame reale che il mondo patriarcale teme così tanto.

E ancora:

> L'interdipendenza tra donne è la via verso una libertà che permette all'*Io* di *essere*, non allo scopo di venire usato, ma di essere creativo. Questa è la differenza tra l'*essere* passivo e l'*esistere* attivo.

Lorde spiega esattamente come funzioni quell'«erotico» teorizzato da lei come potere che si trova dentro di noi e che «funziona» con la condivisione profonda di ogni attività con altre persone, la nostra capacità di essere-in-contatto-con-sé che diventa misura di gioia, cioè della capacità di sentire.

Una volta che cominciamo a sentire profondamente tutti gli aspetti della nostra vita, dice Lorde, diventiamo pericolose, perché non ci accontentiamo più di ciò che è scadente, di ciò che risponde soltanto a delle aspettative esterne, di ciò che non comporta rischio.

Quando Lorde parla di interdipendenza tra donne, non si riferisce solo alle *sue* amiche (o alle mie), ma alle innumerevoli donne che ha incontrato «per esaminare insieme le parole [...] per costruire un ponte sulle differenze». Nel '79 Lorde ha già fatto politica attiva in quanto donna razzializzata, femminista, lesbica e di sinistra in un Paese come gli Stati Uniti, che preferisce colpevolizzare chi si ammala invece di accusare sé stesso, mentre Lorde stessa dalla notizia della sua malattia riceve come un'esplosione di luce, «a burst of light», così la chiama, un impulso ad agire e a trasformare quanto più profondamente quello che ha, per quanto possa essere minaccioso, dolorante e ingiusto, in qualcosa di attivo, consapevole, luminoso e collettivo. Collettivo sempre. Perché un cancro non è una casualità né per lei negli anni Ottanta né per l'incidenza ancora maggiore ai nostri giorni di tumori nella popolazione under 50 che sconta per la prima volta nella storia, come generazione, gli effetti dell'inquinamento ambientale, delle plastiche nei mari e nei fiumi, di cibi adulterati dagli allevamenti intensivi degli animali e di vaccini non abbastanza testati.

Lorde ha parlato anzitempo anche di questo, di un Paese, il suo, e di un capitalismo che oggi verrebbe definito «cannibale» – la definizione è di Nancy Fraser – perché la sua classe, capitalista, divora le risorse di tutti gli altri e non dà nulla in cambio, anzi «consente a un'economia orientata al profitto di depredare i supporti extra-economici di cui ha bisogno per funzionare», continua sempre Fraser (2023):

> Rientrano in questa categoria la ricchezza espropriata alla natura e a popolazioni assoggettate; le molteplici forme di lavoro di cura cronicamente sottovalutate quando non del tutto disconosciute, i poteri e i beni pubblici, che il capitale richiede e al tempo stesso cerca di ridimensionare; l'energia e la creatività dei lavoratori.

Lorde accusa una società che definisce il bene «come *profitto* e non in termini di *bisogni umani*» e dice che ognuna (e ognuno) deve fare il suo.

Ma io, al chiuso di una casa confortevole, io bianca, io ben curata da un sistema sanitario italiano non ancora completamente al collasso, io impaurita, io addolorata, io ancora stupita perché stavolta è capitato proprio a me di stare male, ma stupita ancora di più che non mi sia capitato prima, a me certo, che ho persino insegnato anni prima in un ospedale pediatrico. Io cosa posso fare in questo momento? Posso solo scrivere questi due interventi pubblici che sono attesi entrambi per la metà di ottobre. Al momento posso fare solo questo, mi dico. Utilizzare in qualche modo la fortuna di avere cibo e risorse mentre mi sto curando. Una fortuna che è l'altro nome della sopraffazione di una piccola parte di mondo sull'altra, per cui se io mi ammalo qui, a Roma, posso essere curata. Se invece mi fossi ammalata in un altro luogo o senza il diritto alla cura, sarei morta. Questo metto a fuoco. Questo mi dice Audre Lorde che mi spinge a studiare e lavorare sulle disuguaglianze tanto da trovare molto facilmente i dati che mi interessano. Sono sotto gli occhi di tutti e tutte noi.

Un rapporto del 2024 di Oxfam dice che in questo decennio la povertà è cresciuta del 60 per cento. Negli stessi anni la ricchezza delle persone con patrimonio miliardario è raddoppiata. Invece in soli due anni il potere delle aziende ha cancellato salari per 1,5 trilioni di dollari per 791 milioni di lavoratori e lavoratrici. Uno. Virgola. Cinque. Trilioni. Di dollari. Una cifra che faccio fatica a immaginare e che dovrebbe piuttosto essere immaginata in termini di perdite. Di risorse e di salute.

E se devo la scoperta del mio tumore proprio a una medica del sistema pubblico americano che guardandomi il collo mi ha prescritto esami urgenti (che avrei fatto poi in Italia), quando a lei avevo chiesto solo un certificato qualsiasi, questo non toglie niente a una situazione di ingiustizia sociale che ogni giorno aumenta invece di arretrare e che considera i corpi *bianchi* superiori a tutti gli altri. E non cambia un tumore alla tiroide che, raddoppiando i casi in tutto il mondo e triplicandone l'incidenza per le donne, vede scientificamente confermata la propria diffusione, tra i vari fattori, senz'altro per le radiazioni nucleari che hanno aumentato anche il numero delle leucemie. Ci hanno chiamato «le bambine di Chernobyl», avevamo quell'età quando nel 1986 scoppiò il reattore numero 4 della centrale nucleare allora sovietica di Chernobyl, incidente ritenuto il più disastroso della storia, classificato al settimo livello di catastroficità: il massimo della scala. E c'è ancora una parte di politica italiana e mondiale che vuole costruire nuove centrali nucleari.

Leggere Lorde significa trovare incarnata la frase più bella del femminismo: il personale è politico. Non c'è nulla che ci riguardi da vicino che non riguardi anche la vita delle altre e della comunità tutta, seppure la comunità sia fatta di tante differenze e Lorde è radicale anche in questo. Radicale nel vederle prima di tutto in sé stessa per farle dialogare anche quando sembrano contraddirsi: nera, figlia di migranti, e poi femminista, socialista, moglie di un marito gay bianco, madre lesbica di un figlio maschio (oltre che di una figlia). Lorde si trova a incarnare posizioni sempre molto scomode, *outsider* appunto. Ne diventa consapevole lei stessa:

> Mi sono chiesta spesso perché la posizione più radicale mi sembra sempre così giusta; perché negli estremi, anche se è difficile e a volte doloroso mantenerli, mi sento sempre più a mio agio che non in una strada che fila liscia e senza problemi.

Il fatto è che questi estremi, queste differenze esistono e bisogna imparare a non diffidarne o metterle su una scala gerarchica, ma a farle dialogare nella loro radicalità: non è la stessa cosa nascere in un luogo piuttosto che in un altro o in un corpo, in una classe sociale piuttosto che in un'altra. E se il pensiero europeo, in cui sono nata e cresciuta io, non ha fatto altro che andare incontro a un'universalità del pensiero, filosofico, politico e letterario, spacciata per neutra, cioè valida per tutti gli umani come se fossimo davvero nati e nate tutte uguali, Lorde ci mostra queste differenze sulla sua pelle, sul suo vissuto, e insieme ad altre pensatrici rivela come tutto ciò che pensavamo universale si è rivelato maschile, etero, bianco e coloniale.

Voglio qui cogliere l'occasione per precisare che lo sguardo femminista non si è mai proposto di eliminare questo sapere (a differenza di quanto pensano molti intellettuali, soprattutto maschi con una sorta di complesso di castrazione), poiché nulla è eliminabile nella storia, ma è un sapere, quello universalista, e dunque un potere di parola, che deve essere costantemente *situato*, come tutti, anche questo mio. Situare vuol dire decostruire e ripensare storicamente categorie considerate metafisiche e immutabili, e che invece includono in sé lo spazio e il tempo, il genere e la razza (termine di cui è stata dimostrata la non validità scientifica, ma che viene qui usato come identificativo storico di un'epoca).

Mi sono tuttavia chiesta a un certo punto se io fossi la persona più adatta, in quanto bianca ed etero cis, a parlare e scrivere di Lorde e se non dovessi cedere la parola ad altre; eppure Lorde stessa, intervistata nel documentario a lei dedicato da Dagmar Schultz sugli anni «berlinesi», dice:

> Siccome io scrivo per le donne nere non significa che le donne bianche non possano usare quello che dico, abbiamo bisogno le une delle altre ma siamo diverse, e chi non rispetta le differenze non rispetta me. [...] Il razzismo deve essere un problema anche per le femministe bianche perché le sue conseguenze impattano anche con la loro vita e non la rendono un posto sicuro, che tu sia nero o bianco. È responsabilità di tutti non rimanere in silenzio. È un potere di tutti.

Al tempo stesso, poiché a quegli incontri berlinesi c'erano molte donne bianche e poche nere, un giorno Lorde chiese alle nere di rimanere nella stanza e alle bianche di uscire e non tornare prima che lei avesse parlato con quelle rimaste. Alle quali disse: «Spero che vi contatterete tra di voi e che vi vedrete almeno un'altra volta. Nessuna può farlo al posto vostro. Potete farlo solo voi». E quelle donne lo faranno, sotto la spinta di quelle parole e della figura carismatica di Lorde che le spinge per la prima volta a essere *viste* in Germania, dove ancora sono poche e invisibili («Voi dite solo: sono tedesca. Non dite: sono africana tedesca, sono turca tedesca, ecc.»), cominciano a scrivere e fondano un giornale di poesie e racconti usando e trasformando la loro rabbia di escluse – «Afrekete» – e pubblicano nel 1986 il libro *Showing Our Colors. Afro-German Women Speak Out.*

Del resto, pochi anni prima Lorde ha pronunciato un intervento fondamentale sugli usi della rabbia come risposta al razzismo e alla paura (della rabbia stessa): «Io ho convissuto con questa rabbia, ignorandola, nutrendomene [...]. La mia paura della rabbia non mi ha insegnato niente. La vostra paura della rabbia non insegnerà niente neppure a voi». Le donne, soprattutto le donne nere che vanno a Berlino ad ascoltare Lorde come guest professor, hanno sicuramente in testa queste sue parole: rispondere al razzismo significa rispondere alla propria rabbia, «la rabbia dell'esclusione, del privilegio indiscusso, delle distorsioni razziali, del silenzio, dei maltrattamenti, degli stereotipi, dell'atteggiamento difensivo, del chiamare le cose in modo sbagliato, del tradimento e della cooptazione».

E se «il razzismo è un problema di noi donne nere e solo noi possiamo parlarne», al tempo stesso Lorde si rivolge all'intera platea dicendo che «ognuno seduto qui ha un potere e deve avere la responsabilità per quel potere».

Dunque ho deciso di parlare ora e in futuro di Lorde a partire da quello che Lorde ha fatto per me con la sua vita e la sua opera. Non parlerò mai a nome di nessun'altra, ma spererò che altre (e altri, perché no?) leggendo possano, parafrasando Lorde, «entrare nelle cose con la loro sorgente creativa più profonda: il proprio desiderio» e trasformare quello che hanno in un nuovo potere personale, d'amore e di lotta collettiva.

Perché «senza comunità non c'è liberazione né futuro» dice Lorde, ed è uno dei suoi lasciti più importanti, soprattutto in un momento in cui l'individualismo ha fatto presa anche su movimenti nati per la liberazione collettiva delle donne e poi dei soggetti lgbtqia+. Persino i diversi femminismi di oggi, anzi una buona parte di essi, sono sedotti da obiettivi che traducono il famoso *empowerment* in un soggetto femminista imprenditoriale alla perenne ricerca dell'ormai stracitata «migliore versione di sé», in un estremo quanto fallace sogno di perenne crescita che non può che essere di stampo turbocapitalista.

Dall'altra parte si è vista la nascita di quello che la studiosa Sara R. Farris ha definito nel 2017 come «femonazionalismo»: l'inedita appropriazione che i partiti di destra hanno operato sulle battaglie per l'uguaglianza di genere in funzione islamofoba e razzista, allo scopo di riorganizzare sempre più efficacemente il welfare neoliberista, con una separazione ideologica tra gli uomini migranti che rubano il lavoro mentre le donne possono invece «aiutare» nelle case occidentali.

Lorde ci ricorda sempre di diffidare di una società che tiene a promuovere le nostre paure piuttosto che i nostri bisogni. Eppure Lorde non naviga mai nell'utopia, né le sue parole potrebbero mai essere ridotte a uno sterile fanatico libro di self-help: «Io ho il dovere di dire la verità come la vedo io e di condividere non solo i miei trionfi, non solo le cose che mi hanno fatto stare bene, ma il dolore, il dolore intenso, spesso assoluto che ho vissuto».

I suoi strumenti di lotta sono talvolta anche inusitati, come la poesia che diventa un «arsenale», una delle armi con cui Lorde cerca di cambiare il futuro, perché «la poesia deve cambiare le emozioni».

In uno dei «discorsi berlinesi» Lorde dice inoltre – e come sarebbe utile se potesse ripronunciarlo ora a chi detiene il potere negli Stati Uniti:

> Una delle cose che non facciamo abbastanza in America è *ascoltare*, mentre io ho veramente bisogno di farlo per imparare le vite delle altre donne, in posti diversi, per sentire quello che hanno da dire. Io posso imparare dalle loro differenze e usarle. Tutti possiamo usare le differenze. Viaggiare mi fa avere accesso a un maggior potere mio e delle altre donne.

In effetti i quattordici anni che seguono la prima diagnosi di malattia, dal '78 al '92, sono fecondissimi di viaggi e di incontri. Per Lorde significa anche riscoprire le sue origini familiari, sono frequenti i viaggi ai Caraibi, ricca ormai di una nuova identità che ogni giorno aumenta, si amplifica, portando la pensatrice a definirsi afro-americana-caraibica e a incontrare altre donne caraibiche combattendo battaglie di uguaglianza anche con loro e fondando una casa editrice.

A metà ottobre del 2022 ho pronunciato i due discorsi che avevo preparato, uno su Audre Lorde e l'altro su Louise Bourgeois, seppure con un filo di voce, aiutata dal microfono e dall'incoraggiamento di tutte le persone che mi sono state vicino e che ringrazio qui anche pubblicamente. È stato un «uso dell'erotico» delle mie e delle nostre potenzialità, che sono riuscita a nominare proprio leggendo Lorde. Un uso dell'erotico che non ha fatto sconti alla mia vita quando, in seguito alla mia malattia, mi ha spinto a tornare a vivere in Italia dopo dieci anni negli Stati Uniti, con tutte le difficoltà, ma anche il piacere, che questo stravolgimento ha comportato.

Resta invece difficile ancora per me usare la rabbia come strumento politico «al servizio del progresso e del cambiamento», in quanto donna bianca e privilegiata «contro quelle oppressioni, personali e istituzionali, che a questa rabbia hanno dato origine». Sento di avere ancora paura della mia rabbia e di quella delle altre donne, e alla fine di questo discorso lancio per me stessa la domanda posta da Audre Lorde: «Di cosa mai avevo avuto» e ho (aggiungo io) «paura»?

Sicuramente la mia è una riflessione ancora in corso, ma sento già di poter dire che se gli anni trascorsi dalle parole di Lorde, proprio per merito suo e di altre femministe non bianche, hanno portato il discorso molto avanti in termini di consapevolezza di razzismo tra quelle donne che non lo subiscono e che proprio per questo oggi devono considerarlo come una «differenza» biografico-politica fondamentale e dirimente, più difficile resta ancora portare avanti tutte insieme una lotta che possa incidere a livello strutturale e prioritario sulla realtà, soprattutto italiana.

Ho inteso in questo libro evidenziare, dunque, non solo le questioni risolte, ma anche quelle che continuano a resistere a facili soluzioni, attraverso quella che Lea Melandri ha chiamato «scrittura di esperienza», un «fuori tema» che è il tema stesso, centrale, soggettivo, il vissuto, «tutto ciò che solitamente si chiude nel privato o si pensa indicibile» della propria vita, specialmente dopo essere venuta a contatto con le parole di una pensatrice attivista poeta come Lorde, che risuonano così potenti proprio perché vengono dal suo personale *indicibile*, quel partire da sé che si fa politico e può così incidere nell'esperienza di tutte. E tutti.

1
Il vostro silenzio non vi proteggerà

Il silenzio comincia ad Harlem, New York 1938. Una bambina cammina per strada con sua madre. Stanno facendo delle commissioni sulla 125esima tra Lenox e l'Ottava. A un certo punto la piccola sente un suono vigoroso, un raschiare della gola che finisce con uno sputo. Chi è stato? La bambina alza lo sguardo, fa appena in tempo a vedere una figura allontanarsi che sua madre ha già tirato fuori dalla borsa come per magia dei pezzi di giornale e sta sfregando su e giù con forza su quello sputo che è finito proprio sul cappotto di sua figlia. Riesce a tirarlo via, poi commenta semplicemente: «Certa gente non ha proprio l'educazione e l'accortezza di pensare a dove finiranno i propri sputi».

Madre e bambina continuano a camminare. Questa scena si ripeterà varie volte nel corso dell'infanzia della bambina: sia gli sputi, che sembrano ogni volta così casuali, sia gli altrettanti pezzi di giornale che la madre, magicamente, sembra avere sempre con sé nella borsa. La bambina solo da adulta si renderà conto che quegli sputi non erano casuali. E neppure i pezzi di giornale che sua madre era costretta a portare con sé.

1947. Nove anni dopo.

La stessa bambina, ora tredicenne, sta viaggiando in treno da New York a Washington D.C., la capitale degli Stati Uniti, con i suoi genitori e le due sorelle maggiori. Si tratta di un piccolo viaggio premio per il suo diploma di scuola media e per il diploma di scuola superiore che ha ottenuto la sorella maggiore. Sono partiti tutti e cinque: madre, padre e le tre sorelle. L'ultimogenita, la ragazzina di cui stiamo parlando, è molto eccitata perché non ha mai viaggiato in treno e non vede l'ora di mangiare nel vagone ristorante, ha sentito dire delle cose bellissime. Pare si possa mangiare mentre si guardano paesaggi sempre diversi. Ma la madre dice di no, è troppo costoso per noi. Non si può fare.

Non dice invece, la madre, che nel 1947, pochi anni dopo la scena degli sputi, alle persone nere afroamericane come loro non è permesso entrare nei vagoni ristorante dei treni diretti a Sud: nel sud degli Stati Uniti d'America. È il caso del loro treno che sta scendendo da New York, dove la famiglia abita, verso la meta-premio di Washington. E non dice neppure, la madre, a quella sua terzogenita così curiosa, che quel viaggio a Washington sua sorella maggiore avrebbe dovuto farlo con le compagne di scuola se le suore non avessero rifiutato di farla partire con loro, unica nera in una classe di bianche.

E poiché questa bambina riceve sempre risposte sbagliate alle sue domande, non riesce a capire perché una volta arrivati in questa capitale tutta bianca piena di marmo succede di nuovo una cosa strana. C'è una cameriera che si sta avvicinando molto imbarazzata verso il bancone dove lei è seduta con la sua famiglia ad aspettare un gelato, però non ha nulla con sé. Si avvicina a mani vuote e sussurra in un orecchio al padre della bambina che non possono rimanere seduti lì, al bancone, lei non può servirgli il gelato, ma solo farglielo portare via. Non possono mangiarlo, lo scandisce sussurrando: *pro-prio lì.*

E allora tutti e cinque, madre, padre, le tre figlie, da che erano seduti, in questo chiosco, vestiti eleganti, stanno scendendo dagli sgabelli. La felicità si è trasformata in un attimo in indignazione, ma è solo la più piccola, di nuovo la bambina che si arrabbia rumorosamente, che dice forte in modo che tutti possano sentirla: «Non avevamo fatto niente!». E nei giorni successivi si mette a scrivere una lettera al presidente degli Stati Uniti, che in quel momento è Harry Truman, impegnato in ben altro.

Proprio il 1947 è l'anno della dottrina Truman che di fatto trasforma gli Stati Uniti nel Paese che conosciamo oggi: è in quel momento che per la prima volta si autoproclama difensore della libertà e dei diritti del mondo intero, dichiarando che interverrà laddove ci sarà bisogno di difendere l'indipendenza di un popolo sovrano. È l'inizio della Guerra Fredda, il tentativo statunitense di contrastare il comunismo e l'Unione Sovietica che oggi si chiama Russia, e questa è l'unica novità odierna delle cose: il cambio di nome, non certo i due blocchi contrapposti sempre in guerra tra loro.

Questa strategia di politica estera dette a Truman una tale credibilità interna che, a dispetto delle previsioni sulle elezioni presidenziali del '48, ricordate tra i casi più clamorosi di errore dei sondaggisti, gli regalò una seconda vittoria sul rivale democratico dato per vincente.

Ma tutto questo la bambina che scrive al presidente non può saperlo, perciò fiduciosa chiede al padre di battere a macchina la lettera che sta faticosamente scrivendo a mano e imbucarla. Il padre dice di sì ma non lo farà mai, il padre non spedirà mai quella lettera, come invece aveva promesso.

La bambina, anni dopo, scriverà un'altra lettera, non più a una sola persona ma al mondo intero. Lo farà solo una volta diventata adulta: una volta diventata Audre Lorde.

La lettera che Audre Lorde ha finalmente spedito al mondo è fatta dei suoi undici libri di poesia, degli articoli e dei discorsi che scrive come attivista e che andranno a far parte di una raccolta che nel 2024 ha compiuto quarant'anni. Il titolo evoca tutto quello che è stata Audre: una *sorella outsider*. E questa infinita lettera che scrive Lorde nel corso di tutta la sua vita ha uno dei suoi significati più potenti nella straordinaria autobiografia della sua giovinezza: *Zami. Così riscrivo il mio nome*, da cui sono tratte le scene precedenti e che ora voglio citare quasi letteralmente:

> Il razzismo americano era una nuova e devastante realtà con la quale i miei genitori avevano dovuto fare i conti ogni giorno della loro vita da quando erano arrivati in questo Paese [dai Caraibi]. Lo affrontavano come un dolore personale. Mia madre e mio padre erano convinti di proteggere al meglio le loro bambine dalla realtà della razza in America e del razzismo americano non dando mai un nome a queste cose, e tanto meno discutendone la natura. Ci dicevano di non fidarci mai dei bianchi ma

> non ci dicevano il perché e ci facevano credere che loro due avevano il mondo quasi in palmo di mano e che se noi tre figlie ci fossimo comportate bene – ossia se avessimo lavorato sodo e fatto ciò che ci veniva detto – anche noi l'avremmo potuto avere [quel mondo in mano].

Solo da adulta Audre Lorde capisce che questo era l'approccio dei suoi genitori, soprattutto di sua madre: se non puoi cambiare la realtà, cambia il tuo modo di percepirla. Se non puoi evitare che i bianchi sputino sulle tue figlie nere, fingi che l'abbiano fatto per caso. Fingi a tal punto da poterci quasi credere, per continuare a lavorare e a vivere in quel mondo in cui hai scelto di emigrare per avere una vita migliore. In realtà questo atteggiamento si chiama «interiorizzazione dell'oppressione razziale da parte delle persone razzialmente subordinate», come sostiene un articolo ormai divenuto celebre della sociologa Karen Pyke, basato sui lavori di diversi accademici razzializzati tra cui W. E. B. Du Bois e Frantz Fanon.

È Audre Lorde la bambina che, trent'anni dopo quei soprusi e chissà quanti altri, ha invece trovato le parole per descrivere un trauma di cui né i suoi genitori né le sue sorelle, forse già troppo grandi e abituate, volevano parlare. Invece lei nel 1979, a quarantacinque anni, con due figli, un ex marito, una nuova compagna, un lavoro da insegnante dopo molti precari e una mastectomia appena attraversata, eccome se è pronta a parlarne. *Zami* è infatti la sua «autobiomitografia», così la definisce lei stessa.

> La cameriera era bianca, e il bancone era bianco, e il gelato che non mangiai mai a Washington l'estate in cui smisi di essere una bambina era bianco, e la canicola bianca e il marciapiede bianco, e i monumenti di pietra bianca della mia prima estate a Washington mi diedero la nausea per tutto il resto del viaggio.

Queste parole, tratte di nuovo da *Zami*, ricostruiscono un'infanzia segnata dal silenzio, dal non detto e da una paura non meglio identificata, la peggiore, per un sentimento di odio che si sente serpeggiare attorno alla propria persona senza potergli dare un nome, e dunque un senso. Finché Lorde non è riuscita a trasformare quel silenzio in linguaggio, e quel linguaggio in azione, lotta e autorivelazione.

Ma com'è stato possibile costruire questo grande, insperato ponte tra il silenzio individuale e la lotta collettiva?

La risposta a questa domanda è bene darla subito, non come colpo di scena finale di questo racconto, poiché costituisce la premessa all'intero discorso e il lascito più importante di Audre Lorde: «Senza comunità non c'è liberazione né futuro, ma solo il più vulnerabile e temporaneo armistizio tra me e la mia oppressione». E dunque, che sia ben chiaro a tutti e tutte noi, la risposta all'oppressione è nella comunità: nella politica.

Queste parole posseggono ulteriormente una grande forza proprio in questo momento in cui il mondo occidentale a cui appartengo sembra aver rinunciato al dialogo delle differenze, rassegnato alle tante forme di oppressione che abbiamo contribuito a far proliferare perché le sosteniamo ogni giorno, insieme con le guerre, le povertà e le disuguaglianze. Un mondo dove crescono sia la ricchezza sia la povertà, come due strade destinate a non incontrarsi mai. Del resto Lorde lo ha sempre detto, anche in interventi pubblici: «Le cose potrebbero andare peggio, ma questo non vuol dire non lottare. Questo vuol dire che potrebbe non essere facile».

E per Audre Lorde non lo è mai stato, facile, fin da quando è nata, a New York nel 1934: la terza, la più indisciplinata e la più nera – come dice lei stessa – delle tre figlie. «Sono nata nel ventre della Nerezza» scrive in una poesia. «Eri così scura, diceva mia madre/credevo fossi un maschio.»

Sua madre Linda ha interiorizzato il pregiudizio dei Belmar, la sua famiglia, nei confronti dei neri più scuri di loro. Linda e le sue sei sorelle sono infatti figlie di una donna caraibica che, rimasta vedova nella piccola isola di Carriacou, cuce vestiti per persone ricche dopo la morte del marito, un marinaio portoghese, che sarebbe il nonno di Audre Lorde.

Quindi sua madre e le sue zie apparivano piuttosto chiare di pelle, molto fiere di essere appunto delle *redbone* (nere più chiare). Sembra che ci sia stato un pregiudizio anche verso Byron, il futuro marito di Linda e padre di Audre, più scuro di loro. O almeno questo raccontò Phyllis, la sorella maggiore, ad Alexis De Veaux, biografa di Lorde e autrice del libro *Warrior Poet. A Biography of Audre Lorde*.

C'è dunque un problema di razzismo interiorizzato già nella cultura da cui provengono i genitori di Lorde, fin dalla nascita immersi in un sistema sociale gerarchico basato sul colore da quando i francesi colonizzarono l'isola nel 1650 per cedere poi il potere all'impero britannico che cominciò a rapire la popolazione africana dalla propria terra per farla lavorare in regime di schiavitù nelle piantagioni di zucchero caraibiche. E dunque, alcune generazioni dopo, questo sistema di schiavitù e colonialismo aveva prodotto nelle stesse popolazioni autoctone caraibiche un pregiudizio basato su una consapevolezza di *color-consciousness* attraverso una gerarchia acquisita a proprie spese che andava dal meno nero/meno schiavizzato al più nero/più schiavizzato.

Tra l'altro proprio Linda, la madre di Lorde, migrata giovanissima a New York con il marito nel 1924, era riuscita a trovare buoni lavori facendosi passare per «bianca» prima come cameriera in un grand hotel e poi in una sala da tè. In realtà la scambiavano per ispanica, ma nel 1924 bastava questo per non essere completamente razzializzata ed emarginata lavorativamente e socialmente. Infatti, appena venne fuori che era nera, fu licenziata.

Accadde durante un rigido inverno tipicamente newyorkese, in cui Linda si ammalò di pleurite e il marito Byron dovette andare ad avvertire il datore di lavoro che la moglie, per qualche giorno, sarebbe stata assente. Linda era considerata un'ottima lavoratrice, dodici ore al giorno sette giorni su sette. Eppure il suo capo, ovviamente bianco, quando vide che Byron era nero, capì che lo era anche sua moglie a dispetto delle apparenze e non poté fare a meno di mandarla via.

Linda Belmar e Byron Lorde si erano trasferiti negli Stati Uniti con l'idea di mettere da parte qualche soldo e ritrasferirsi poi subito nella loro terra natale, sogno comune alla maggior parte dei migranti. Non si erano dunque persi d'animo e avevano continuato a lavorare indefessamente, anche se il loro sogno di tornare fu spazzato via dalla Grande depressione del '29.

Rimasero dunque a vivere per sempre in un'America che solo nel '64 (quando Lorde aveva già trent'anni) decretò incostituzionale la segregazione razziale.

Eppure già cento anni prima – ripeto: cento anni prima – nel 1870, alla fine della Guerra civile americana che aveva visto vincere gli stati industrializzati del Nord su quelli schiavisti del Sud, era stato conferito il diritto di voto agli ex schiavi. E nel 1875 erano state abolite le leggi segregazioniste che separavano i bianchi dai neri. Ma appena cinque anni più tardi, nel 1880, erano state promulgate le leggi Crow che servivano a mantenere in gran parte dei *giovani* Stati Uniti la segregazione razziale in tutti i servizi pubblici. Lo chiamavano uno status di «separati ma uguali»: era la condizione dei neri americani e di chi apparteneva a gruppi razziali diversi dai bianchi. (Ricordiamo il caso simbolo di Rosa Parks, che ancora nel 1955 era costretta a viaggiare in piedi sui mezzi pubblici per non mescolarsi con i bianchi, e un giorno in un autobus di Montgomery-Alabama si ribellò a tutto questo e fu arrestata per essere rimasta seduta rifiutando di cedere il suo posto a un bianco.)

E dunque questo è il mondo in cui nasce Audre Lorde e quello a cui sono abituati i suoi genitori. Pur vivendo a New York dove non erano operative le leggi federali Crow, in realtà in molti luoghi pubblici, come le scuole, c'era una vera e propria separazione tra bianchi e non bianchi.

Nel frattempo tra gli anni Trenta e Quaranta, durante l'infanzia di Audre, il padre Byron passa da un lavoro all'altro. Si impiega come sorvegliante di carico e scarico in un hotel, durante la Seconda guerra mondiale lavora in una fabbrica di alluminio per aeroplani, infine diventa agente immobiliare. Mentre la moglie, rimasta a casa durante le tre gravidanze, appena può comincia ad aiutarlo con la contabilità.

I genitori appaiono molto uniti alla piccola Audre, tuttavia quella loro intimità non la condividono mai con le figlie. Non parlano mai con loro di cose importanti, ogni sera si riuniscono nella loro camera da letto per un'ora e poi ne escono con le decisioni prese. Quello che avverte Lorde bambina è un silenzio profondo, non solo rispetto al mondo che c'è fuori e che non viene mai interpretato dal linguaggio familiare, ma anche rispetto al loro spazio domestico che deve essere protetto da ogni fattore esterno, avvertito come minaccioso ma soprattutto temporaneo. E non solo perché la famiglia passa negli anni da un appartamento all'altro, in senso migliorativo, ma perché l'intera esperienza negli Stati Uniti non va considerata, secondo i genitori, come definitiva, vincolante o oltremodo significativa rispetto a una *casa* vera, «lontanissima, un posto dove non ero mai stata ma che conoscevo bene attraverso le parole di mia madre» scrive Lorde, in cui prima o poi torneranno. Una casa con cui, simbolicamente, solo i genitori di Lorde intrattengono un rapporto, anche a distanza, con la lingua della loro isola, il patois, che non insegnano però alle figlie. Anzi, la usano tra loro proprio per non farsi capire dalle piccole né da nessun altro.

Eppure, quella piccolissima isola che i suoi genitori chiamano casa Audre non riesce a trovarla su nessuna mappa: solo a ventisei anni leggerà il nome Carriacou sull'Atlante dell'Enciclopedia britannica. A lungo avrà il dubbio che la geografia materna sia frutto di un pensiero folle o estremamente nostalgico, di certo un pensiero che la madre riesce a trasmettere come mancanza, non come essenza. A ciò si aggiunge l'inquietudine già sviluppata da Audre nei confronti di un mondo che non comprende, al quale non ha accesso perché non le vengono date le chiavi per interpretarlo, troppo dolorose da girare nelle ferite dei suoi genitori, soprattutto quella del razzismo statunitense.

Nella scuola cattolica che Audre frequenta, unica nera tra ragazze bianche, si chiedono come possa essere la sorella di Phyllis ed Helen. È anche la sola, tra le sorelle e compagne di scuola, a portare i capelli non stirati, prima raccolti in treccine e poi lasciati liberi, seguendo una precoce e solitaria intuizione che poi sarà propria di moltissime donne nere che nel tempo non accetteranno più di conformarsi agli stereotipi estetici dei bianchi (derivati da secoli di schiavismo e sudditanza in cui stirare i capelli poteva significare prendere o meno un lavoro). Ma per ora Audre è sola. Emarginata anche dalle sorelle maggiori, nate a due anni di distanza, che fanno coppia tra loro e non la includono nei loro giochi e confidenze.

Audre è dunque un'*outsider* in una famiglia di *outsider*, ma solo da adulta sarà in grado di reinventare questa immagine di «cattiva ragazza». La risemantizzerà, le darà cioè un significato positivo – ma non per questo pacificato – e soprattutto collettivo: lo scopo della lotta è non essere più da sola come *outsider* ma costruire una nuova casa nel mondo intero con tante *sorelle outsider*.

Nel 1945, undici anni dopo la nascita di Audre, la famiglia Lorde si trasferisce in una zona più a nord di Harlem, dove abitano bianchi immigrati, come gli irlandesi. Sono la prima famiglia nera di quel blocco, una settimana dopo il loro arrivo il padrone del palazzo si suicida per essere stato costretto ad affittare la casa a persone nere.

Oggi Harlem sembra un quartiere nero da sempre, e invece agli inizi del Novecento era abitato da bianchi che non reagirono bene quando gli afroamericani si trasferirono lì nei primi decenni del XX secolo. C'era una strada che li separava, la Eighth Avenue. A ovest dell'Ottava fino al fiume Hudson, Harlem era bianca, a est era nera. Si è parlato di *Harlem Renaissance*, ma questo è riferibile solo a una ristretta borghesia di neri molto alfabetizzati, di artisti, di intellettuali che non avevano quasi nulla in comune con Linda e Byron e la maggior parte di persone migrate dal Sud e dal Centro delle Americhe che vivevano spesso in uno stato di povertà, trovando molto più facilmente lavoro i neri europei che quelli americani o caraibici.

«L'enormità del nostro compito è rovesciare il mondo» dice Lorde anni dopo. Quel mondo in cui si sono trovati a vivere i suoi genitori, e i genitori dei genitori, e le generazioni precedenti, e poi lei, le sue sorelle, le sue amiche. Il suo quartiere. Dentro quel grande «drago» capitalista che è l'America. Per rovesciare il mondo bisogna rovesciare la propria vita, ribaltarla, dice Lorde: «Lasciare che il dolore passi attraverso altrimenti potrebbe mandare tutto in frantumi».

Ma come si può ribaltare la vita? Come ci si può liberare dal dolore?

In un intervento del '79 Lorde dice che non considerare le differenze di razza, sessualità, classe, età, indebolisce non solo tutte le donne ma l'intero movimento femminista:

> Quelle di noi che sono povere, che sono lesbiche, che sono nere, che sono anziane sanno che la sopravvivenza non è un'abilità accademica. Significa imparare a resistere da sole, a essere sgradite e a volte insultate, a fare causa comune con le altre [...]. Significa imparare a prendere le nostre differenze e farne dei punti di forza. Perché gli strumenti del padrone non smantelleranno mai la casa del padrone.

Questo è un discorso dirimente nella sua originalità poiché autorizza l'uso della rabbia come strumento della lotta politica. Servono nuovi strumenti e il padrone non li autorizzerà mai, dice Lorde. Non ci si può aspettare che sia lui, il padrone bianco, ricco e capitalista a fornire gli strumenti della lotta che smantelleranno la sua casa.

Cosa tiene in vita i nuovi strumenti? Lorde dà una risposta che sembra una provocazione, mentre invece è basata su un profondo dato di realtà: la rabbia.

In un intervento di due anni dopo precisa ulteriormente:

> La rabbia è la mia risposta al razzismo. La rabbia ha creato lacerazioni solo quando è rimasta inespressa, inutile a chiunque. In un mondo dove vale la forza bruta, ci è stato insegnato che le nostre vite dipendono dalla benevolenza del potere patriarcale.

Perciò, dice Lorde, la rabbia degli altri doveva essere scongiurata a tutti i costi, ed era difficile pensare di farne il proprio strumento non solo personale ma politico. Anzi, personale e dunque politico, come ogni femminista auspica. Audre Lorde ci è riuscita. E questa è una rabbia che esprime tutti gli altri sentimenti, soprattutto quello di una pervicace paura, la stessa che ha sempre sentito fin da piccola.

Ma com'è arrivata Lorde alla potenza della sua voce? Se lo chiede lei stessa in *Zami*, l'autobiografia che comincia a scrivere a quarantacinque anni, ricostruendo i suoi primi ventitré. Proprio per questo la si può definire un'autobiografia della giovinezza, alla ricerca e costruzione della propria identità. A quarantacinque anni Lorde sa bene che le proprie identità si sono formate attraversando tutte le altre che ha conosciuto e amato di sé, oppure respinto. Come se fossero altrettante persone fuori e dentro di lei, incarnate in veri e propri incontri con un prossimo sempre diverso che le faceva esplorare nuove parti di sé. L'identità è sempre una genealogia di persone che ci hanno accompagnato, in presenza e in assenza, l'identità è sempre in cammino. Per diventare noi stesse abbiamo bisogno di tutte le altre, dice Lorde.

«A chi devo la potenza che sostiene la mia voce?» si chiede proprio all'inizio di *Zami*. «Mio padre ha lasciato la sua impronta psichica, silenziosa, intensa e inesorabile su di me. Ma il suo è un bagliore lontano.» E dunque? Si chiede. Non tarda a rispondersi e a rintracciare in sé non tanto un'energia paterna, dunque, quanto «immagini di donne [che] fiammanti come torce adornano e definiscono i confini del mio viaggio, si ergono come dighe tra me e il caos. È l'immagine delle donne, delicata e crudele, che mi conduce verso casa». Poi capiremo dov'è e qual è questa casa, che in una famiglia di genitori migranti tende a essere sempre quella di origine, da cui si è partiti: una casa che si annuncia sempre come una mancanza.

A Carriacou-Grenada, la piccola isola caraibica da cui provengono i suoi genitori, le donne che lavorano insieme da amiche e amanti vengono chiamate appunto «zami». Eppure Lorde, al solito, ci fa vedere anche la parte più problematica e dolorosa della storia, quando risponde a un'altra domanda, sempre nel prologo del libro: a chi devo la donna che sono diventata?

Risponde: «Lo devo prima di tutto a DeLois».

DeLois è la grande e nera presenza del suo quartiere, esempio suo malgrado di anticonformismo, con quei capelli crespi sempre fuori posto. Tutte le donne della 142esima strada la guardavano con disprezzo e gli uomini la apostrofavano con il nome di «troia ridicola». Questa è per Lorde la prima immagine, probabilmente, di *sorella outsider*, fuori dalle righe, emarginata, degradata dalla società.

D'altro canto l'identità di Lorde non si forma solo sul rispecchiamento con un corpo oltraggiato di donna nera, ma anche sullo sguardo terrorizzato di una ragazza bianca che le chiede aiuto, di notte, per sottrarsi alla violenza di un uomo che la sta inseguendo. Audre sta guidando e la ragazza si sbraccia al buio per farsi notare da chi passa. A un certo punto si mette davanti alla sua macchina e la costringe a fermarsi. Audre le apre la portiera ma a quel punto la ragazza bianca si accorge, pure con quel buio, pure con quella paura, che la donna che le sta offrendo quell'aiuto di cui lei ha tanto bisogno – forse ne va della sua vita – è nera... e allora la ragazza bianca dice no, lo ripete: «Oh no!» e richiude lo sportello. Con te no, insiste la ragazza bianca rivolta ad Audre come se fosse lei a pregarla di qualcosa, e riprende a correre nella notte. Lorde fa appena in tempo a vedere l'uomo da cui la ragazza fuggiva avvicinarsi a lei e non può fare a meno di chiedersi: «Che cosa aveva visto nella mia faccia Nera da farsi prendere da un tale orrore? Gettandomi nell'abisso fra ciò che ero e come lei mi vedeva».

Anche quello sguardo contribuisce a costruire un'identità fatta di rabbia e di paura: quella paura mai nominata dai suoi genitori e ancora più serpeggiante, senza rimedio, non perimetrabile e dunque apparentemente irrisolvibile. Anche perché i suoi stessi genitori hanno assimilato una vergogna per la propria pelle, cui rimediare con l'impegno e con il lavoro.

Lorde stessa cita il pedagogista brasiliano Paulo Freire, quando dice che il vero obbiettivo del cambiamento rivoluzionario «non è mai soltanto la situazione oppressiva a cui cerchiamo di fuggire, ma quella parte dell'oppressore che è piantata in profondità dentro ciascuno di noi».

È «una speciale forma di annientamento» come la definisce Lorde nella poesia *Segnali alla rabbia. È un fottio di tempo che parlo a questo angolo di strada* in cui racconta di una mattina in cui un «autista rallentò davanti alla fermata/ (ero in ritardo, pioveva e la mia giacca era fradicia)/ poi accelerò senza fermarsi non appena vide la mia faccia».

A un convegno nel 1977, Audre Lorde racconta che due mesi prima ha subito un'operazione al seno, per togliere una massa che poteva essere benigna o maligna. Due dottori, un maschio e una femmina, le hanno detto che la possibilità che fosse maligna era tra il sessanta e l'ottanta per cento. Poi si è rivelata benigna. Lorde racconta che in quelle tre settimane di attesa del responso ha dovuto guardare a tutta la sua vita con una «chiarezza impietosa». E una volta consapevole della propria mortalità e di quello che desiderava per la sua vita, la cosa che più rimpiangeva erano i silenzi di cui si era costellata per paura. Del resto, la morte sarebbe stata solo il silenzio finale.

Lorde non sa, nel 1977, che anni dopo un altro responso sarà invece maligno, ma in quel momento ciò che conta, e che per sempre conterà, è una nuova consapevolezza di sé. Su questo lei non tornerà mai indietro. «Sarei morta presto o tardi, che avessi parlato oppure no. I miei silenzi non mi avevano protetta. Il vostro silenzio non vi proteggerà» dice alle donne presenti in quella platea nel 1977. Ma le sue parole non possono che risonare con grande evidenza anche oggi:

Quali sono le parole che ancora non avete? Cos'è che avete bisogno di dire? Quali sono le tirannie che ingoiate giorno dopo giorno e tentate di far vostre, fino al punto di ammalarvi e morirne, sempre in silenzio? Forse per alcune di voi qui oggi io sono la faccia di una delle vostre paure. Perché sono donna, perché sono Nera, perché sono lesbica, perché sono me stessa, una donna Nera guerriera poeta che fa il suo lavoro, che è venuta a chiedervi, state facendo il vostro?

2
La poesia non è un lusso

> Quando qualcuno mi chiedeva: «Come ti senti?» oppure «Cosa pensi?» o mi faceva un'altra domanda diretta, io recitavo una poesia, e da qualche parte in quella poesia c'era il senso, l'informazione vitale. Magari solo un verso, o un'immagine. La poesia era la mia risposta.

Così Audre Lorde racconta a Adrienne Rich, poeta, saggista e femminista i cui libri e articoli (uno su tutti *Eterosessualità obbligatoria ed esistenza lesbica*) hanno esercitato grande influenza non solo negli Stati Uniti ma anche in Italia, dove è stato da poco ripubblicato *Nato di donna* del 1976, uno dei primi saggi sul rapporto tra maternità e patriarcato, a partire dalla sua esperienza.

L'amicizia tra Rich e Lorde risale alla fine degli anni Sessanta quando entrambe insegnano in classi di recupero al City College di New York e sostengono le lotte studentesche, soprattutto di neri e portoricani, contro un sistema scolastico statunitense eteronormativo e razzista.

Ma facciamo un passo indietro, torniamo ancora una volta all'infanzia di Lorde che, come si è già visto, costituisce quel nucleo problematico che nella maggior parte delle vite, note e non, rappresenta il *vulnus*, la ferita da cui scaturisce ogni risposta, ma anche ogni forma di eclatante vitalità per tutto il resto dell'esistenza.

Nel caso di Audre bambina il problema non è soltanto che è «nera» e non sa di esserlo, dato che nessuno le dice che quello è un problema per la società in cui vive. C'è un'altra caratteristica che la differenzia e la distanzia anche dalla sua stessa famiglia: una fortissima miopia che la rende ipovedente e che però le regala invece, non tanto – woolfianamente – una stanza, ma un intero mondo tutto per sé.

Lorde dichiara in *Zami*: «Prima di avere gli occhiali avevo conosciuto gli alberi solo come pilastri marroni che terminavano in grasse volute gonfie di verde. Il contenuto sensuale della vita era mascherato e criptico». In una parola, potremmo dire oggi: favoloso.

Come non ricordare la bambina fortemente miope del racconto *Un paio di occhiali* di Anna Maria Ortese? La bambina immaginata da Ortese non vive a New York ma dall'altra parte dell'oceano, in un vicolo della Napoli in macerie del secondo dopoguerra. Sia lei sia Lorde vivono in mondi che hanno soprattutto immaginato con la vaghezza dei loro sguardi, ma la bambina napoletana, quando inforca finalmente il paio di occhiali che con tanti sacrifici sono riusciti a comprarle, sviene dallo spavento per la realtà di miseria del suo quartiere che le arriva ingigantita addirittura di dettagli ormai messi completamente a fuoco dalle due piccole lenti. Lorde invece, volendo comparare un personaggio letterario con una persona realmente esistita ma pure lei diventata personaggio della sua autobiografia, è più fortunata perché le immagini che ha sviluppato dentro di sé per tutto quel tempo resistono alla violenza di ciò che la circonda, regalandole il suo primo mondo poetico.

> Non iniziai a parlare prima dei quattro anni, quando l'abbacinante mondo di strane luci e forme affascinanti che abitavo si risolse in definizioni ordinarie e imparai un'altra natura delle cose viste attraverso gli occhiali.

La realtà finalmente vista si risolve dunque per Lorde in una «definizione ordinaria», di senso comune, poiché da qualche parte dentro di lei gli alberi saranno sempre come li ha *percepiti* per la prima volta, pilastri che puntano dritti al cielo, e le loro chiome delle esplosioni di luce verde.

Vedere con gli occhiali, imparare a leggere e imparare a parlare è quasi un tutt'uno nella vita di Lorde e succede un anno prima che lei cominci la scuola. Un pomeriggio di sole, la madre Linda le sta tirando le orecchie fino quasi a staccargliele, Lorde ricorderà anche da adulta il dolore fisico pungente di sé bambina distesa sul pavimento di una biblioteca. Sta urlando fortissimo, mettendo in imbarazzo la madre, perché non la fa salire ai piani superiori, dove sono le sue sorelle. Lassù infatti c'è quella che a Lorde sembra una festa segreta: l'ora delle storie, così si chiama. Ma è destinata a bambine e bambini più grandi di lei e Audre non la smette di urlare soprattutto perché non capisce il motivo di quel divieto. Finché la bibliotecaria si avvicina e le chiede: «Ti piacerebbe ascoltare una storia, piccolina?» Audre dice sì e la bibliotecaria comincia a leggere...

> Guardavo i bellissimi colori accesi delle immagini. Proprio allora decisi che avrei scoperto il modo di farlo da me. Puntai il dito sui segni neri che adesso riuscivo a distinguere come lettere [Lorde ha da poco gli occhiali] e dissi a voce alta: voglio leggere.

La madre non può credere che quella bambina da sempre così ribelle si sia per un attimo placata. E così avviene l'iniziazione alle storie di Audre Lorde, attraverso l'intuizione di una bibliotecaria, Miss Baker, che quel giorno le regala i suoi primi libri. Poi c'è sua madre Linda, che nonostante sia poco istruita le insegna a dire le lettere dell'alfabeto dalla A alla Z e dalla Z alla A, come si faceva a Grenada, l'isola caraibica in cui Linda è nata.

Eppure, per Lorde c'è un risveglio molto brusco da quel paradiso di immagini e parole ascoltate: si chiama scuola. La scuola per ipovedenti neri a cui è stata iscritta non si aspetta niente da lei, considerata nera e disabile in un momento storico in cui entrambe, nerezza e disabilità sono viste come una menomazione.

Bisognerà aspettare gli anni Settanta, sia negli Stati Uniti sia in Italia, per le prime leggi sull'educazione per persone che vivono con disabilità a scuola. Facile capire come Lorde, che fin da bambina incarna più differenze alla volta, spesso considerate socialmente negative, vere e proprie devianze rispetto alla norma, sviluppi poi una sensibilità evidente non solo per il loro mantenimento all'interno della comunità, ma anche per un inesausto dialogo tra loro, considerate sempre prima di tutto parti mai scorporate di un'esperienza che ha sempre una sua ragion d'essere.

L'esordio scolastico di Lorde è dunque in questa scuola per ipovedenti che è sul lato opposto rispetto alla scuola cattolica in cui vanno le sorelle maggiori: anche in questo Audre è l'*outsider*, sta proprio dall'altra parte della strada. Per di più quel luogo era stato usato negli anni precedenti dai suoi genitori come minaccia per le sorelle Helen e Phyllis: se non avessero preso buoni voti sarebbero finite in quella scuola pubblica in cui i bambini non fanno altro che fare a botte. Quella scuola in cui Audre è andata invece diretta a causa dei suoi problemi agli occhi. Eppure il vero problema di quei bambini ipovedenti come Lorde è un altro: pur avendo solo problemi alla vista vengono trattati come malati mentali.

Di nuovo, nella vita di Lorde le parole e i comportamenti degli adulti non corrispondono alla realtà dei fatti. In questa scuola non ci sono neppure matite, perché si pensa che quei bambini possano scrivere solo con dei grossi pastelli neri, quando alla piccola Lorde è stato insegnato diversamente.

Il primo giorno la maestra chiede alla classe di scrivere soltanto l'iniziale del proprio nome su un quaderno stampato a righe larghissime. Ma Audre sa già scrivere il suo nome e cognome e quindi scrive a caratteri cubitali: Audre (senza la «y» finale della grafia originaria, perché sul foglio non c'entra e questo diventerà negli anni il suo vero nome), poi gira pagina: Lorde. Va dalla maestra tutta contenta, ma quella guardando il suo foglio con disprezzo le dice che doveva scrivere solo l'iniziale del proprio nome: la lettera A. Solo la lettera A di Audrey. Scrivere tante volte solo quella lettera: «A, A, A!!!» scandisce la maestra. Per tutto il foglio, come stanno tentando di fare tutti gli altri. Pensa forse di essere diversa?

«Forza, torna a posto e comincia» ordina la maestra sempre più arrabbiata a una bambina sempre più confusa «ti rendi conto che tutta la classe dovrà aspettare una bambina che non ha voluto ubbidire?»

La sera a casa Audre racconta tutto ai suoi genitori. Sua madre Linda, donna ruvida e silenziosa che ha insegnato alla figlia il valore della disciplina, capisce però che quella non è la scuola giusta per una bambina che ha già imparato a leggere e a scrivere da sola. Perciò, qualche mattina dopo attraversa la strada e consegna la sua terzogenita alla scuola elementare delle suore bianche, là dove vanno anche le due altre figlie.

Sembrerebbe finalmente un riconoscimento per Audre, ma anche in quella scuola la ragazzina constaterà con stupore che le parole di nuovo non corrispondono ai fatti: la classe viene spesso divisa tra i «Chiari» e gli «Scuri», e i «Chiari» dovrebbero essere i più bravi e gli «Scuri» meno. Chissà come mai i bambini neri finiscono quasi sempre tra gli «Scuri», lei compresa, che non vince mai nessun premio anche se è la più brava. Per lo stesso motivo alle medie, qualche anno dopo, i suoi compagni per la maggioranza bianchi non la eleggono rappresentante di classe e lei ne soffre molto.

«Dovevo trovare un modo segreto per esprimere quello che sentivo», così Audre comincia a inventare poesie, ma senza dirlo a nessuno. Si vergogna talmente tanto che quelle parole nemmeno le scrive. Deve recitarsele a memoria, ogni giorno, per non dimenticarle:

Alcune parole sono aperte
Come un diamante
Su finestre di vetro
Cantano a squarciagola dentro il fragore passeggero del sole
Poi ci sono parole come matrici puntate
In un quaderno coi buchi [...]
Un dente mal tolto con il bordo frastagliato.
Alcune parole vivono dentro la mia gola
Come in un allevamento di serpi. Altre vengono alla luce
Vagando come gitane sulla mia lingua
Per esplodermi sulle labbra
Come giovani passeri rompono il guscio.
Alcune parole
Mi tormentano.

Queste parole, invece, Lorde le ha scritte anni dopo e appartengono alla poesia *Coal* (Carbone) dell'omonima raccolta del 1976.

Ma quello di Lorde è un apprendistato che comincia prestissimo. Scrive infatti: «Avevo una lunga provvista di poesie nella testa, già a dodici anni. Le parole avevano energia e potere, e io arrivai a rispettare molto presto quel potere». È il potere di chi può ricreare il mondo, il potere di una madre, Linda, che ha lei stessa «un rapporto speciale e segreto con le parole». Perché è una migrante, perché è nera e perché è donna e dunque ha imparato a centellinare quel che sa e che può dire, ma al tempo stesso ha inventato un linguaggio segreto, come un codice che le figlie sono tenute a conoscere.

Così Lorde impara anche il valore del linguaggio non verbale, «perché le persone non ti dicono mai quello che realmente pensano» la mette in guardia sua madre. Ma questo atteggiamento difensivo la svantaggia nello studio perché per molto tempo non riuscirà a fidarsi delle parole dette o scritte.

> Sono un riflesso della poesia segreta di mia madre e delle sue ire celate. Seduta fra le sue gambe, le sue ginocchia possenti saldamente avvinte alle mie spalle come a un tamburo ben curato, la mia testa sul suo grembo mentre lei spazzolava e petti-

> nava e intrecciava. Sentivo le mani forti, ruvide di mia madre nei miei capelli indisciplinati, mentre io mi dimenavo su uno sgabello basso. Gratta, gratta, quel pettine mi dava davvero sui nervi. Eppure erano questi i momenti di cui sentivo un'acuta mancanza quando le nostre grandi guerre ebbero inizio. Rammento il caldo odore di madre intrappolato fra le sue gambe, e l'intimità del nostro contatto fisico annidato dentro all'ansia/dolore come noce moscata nel suo nido di macis.

Così Lorde scrive in *Zami*. E dunque da una parte c'è tutta la forza e l'ambiguità del corpo materno, dall'altra il silenzio della madre sulle questioni più importanti del corpo, del sesso, della vita. La poesia diventa la risposta a molte di quelle domande, come bolle che vengono su dal caos, dice Lorde: «Ho sbucciato la tua rabbia fino al nocciolo dell'amore e guarda madre... ho imparato da te a definire me stessa attraverso i tuoi rifiuti», scrive nella poesia *Donna madre nera*.

E dunque quest'iniziale miopia di Lorde, il non vedere o vedere male, cioè diversamente, la realtà comune, quella che vedono tutti, non è forse la prima prerogativa di chi scrive poesia? Omero, il poeta per antonomasia della civiltà occidentale, non era forse cieco? E tutte le Pizie non hanno forse lo sguardo girato all'indietro?

Eppure Audre Lorde nel '77, una decina d'anni dopo il suo esordio poetico, è molto sicura su cosa sia e soprattutto su cosa non sia la poesia: «La poesia non è un lusso» scrive in un articolo dal titolo omonimo ripubblicato in *Sorella Outsider*. Anzi, sostiene, è la più economica tra le forme d'arte, tutte possono praticarla, come «necessità vitale dell'esistenza in cui affermare sogni e speranze e svelare paure». Ed è soprattutto per le donne, e per le donne nere, che la poesia non è un lusso né «lo sterile gioco cui troppo spesso l'hanno ridotta i padri bianchi», ma il modo in cui «contribuiamo a dare nome a ciò che non ha nome, così che possa essere pensato». Per dare voce a quei «luoghi della possibilità dentro di noi» che «sono oscuri, perché sono antichi e nascosti e sono sopravvissuti e si sono rafforzati attraverso quell'oscurità».

È evidente come qui Lorde riesca a tenere insieme la questione del colore e quella del genere in una metafora che la porta a liberarsi di una prospettiva europea coloniale. L'incredibile riserva di creatività che c'è dentro tutte le donne è nascosta in un luogo buio, antico e profondo che è quello del loro potere e non è bianco, non è in superficie. Va soltanto esposto, espresso.

«I padri bianchi ci hanno detto: penso dunque sono. La madre nera dentro ognuna di noi – la poeta – sussurra nei nostri sogni: sento, quindi posso essere libera.» Non ci sono più idee nuove da scoprire, dice Lorde, ma nuove azioni da sperimentare. Lei le chiama «azioni eretiche». Nelle sue poesie entra il senso di un presente che è anche cronaca politica, civile e sociale degli Stati Uniti. La poesia diventa creatrice di linguaggio di istanze rivoluzionarie.

> Ci si aspettava che sentimenti ed emozioni si inginocchiassero davanti al pensiero come le donne davanti agli uomini. Ma le donne sono sopravvissute. Come poete. E non ci sono nuove sofferenze. Le abbiamo già sofferte tutte. Abbiamo nascosto quel fatto [quel dolore, quel trauma, intende Lorde] nello stesso posto dove abbiamo nascosto il nostro potere.

E dunque il potere nasce dalla stessa vulnerabilità, da quella ferita che appare fin dai primordi che è la nostra vita stessa, quello che ci è dato in sorte in termini di storia familiare e geografia, oppure di «età, razza, classe, sesso» citando un articolo di Lorde del 1980 e parafrasando il titolo del libro uscito nell'81 *Donne, razza, classe* di Angela Davis, testi che abbandonano una volta per sempre il concetto femminista essenzialista della definizione di «donna», a partire dalla propria esperienza di donne nere che vivono una vita completamente diversa da quella delle donne bianche.

Giova puntualizzare a quest'altezza del discorso che la profonda originalità di Audre Lorde come intellettuale consiste nel portare avanti le questioni storiche, esistenziali e politiche con tutti gli strumenti che ha a disposizione e che in questo mio testo su di lei ho voluto intrecciare fittamente perché così raro da trovarsi: la prosa narrativa dell'autobiografia, il discorso saggistico degli articoli e la sua poesia che compongono un immaginario potente sempre sostenuto da una prospettiva profondamente dialogica, anche con le opere altrui, in prosa o poesia, citate a sostegno anche di discorsi teorici.

In un articolo del '79, *Sessismo: Il volto Nero di una malattia americana*, Lorde, come proseguendo il discorso di qualche anno prima sulla poesia, riafferma pienamente la visceralità del pensiero delle donne citando la poeta Mary McAnally: «È il dolore che insegna a tirar via le dita dal fuoco» e il dolore è sempre forzatamente viscerale per chi soffre, in tal caso per le donne e ancora di più per le donne nere. E quando viene accusata con questo discorso di mantenersi nello stereotipo di una razionalità che apparterebbe solo al pensiero maschile, lei conferma che quella di un'analisi solo per così dire «razionale» è una strada che non comincia né arriva da nessuna parte perché non ha una terra (cioè un'esperienza del corpo) da cui proviene. Che interesse può esserci nel percorrerla? Bisogna andare da un'altra parte. Ricordiamo anche quello che precisa Mackda Ghebremariam Tesfaù, accademica precaria in Sociologia dei processi culturali e comunicativi, «sulla distinzione mente-corpo che per molte culture è una distinzione coloniale imposta, una forma di violenza epistemica, ovvero una violenza esercitata contro e attraverso la conoscenza». Una violenza contro la quale Lorde, seconda generazione di una famiglia caraibica migrata negli Stati Uniti, ha potuto reagire avendo in sé gli anticorpi di un'altra cultura originaria.

Non suona strano a questo punto che in Europa, specie in Italia, le sue poesie siano ancora così poco tradotte, come succedanee di un pensiero «maggiore» espresso dagli articoli e che invece mostrano tutta la loro forza espressiva nell'unica raccolta pubblicata nel 2018 da Le Lettere: *D'amore e di lotta*, tradotta dal collettivo WiT – Women in Translation (Maria Micaela Coppola, Grazia Dicanio, Margherita Giacobino, Loredana Magazzeni, Mariagrazia Pecoraro, Maria Luisa Vezzali, Anna Zani), dal quale sono prese tutte le poesie citate, laddove non indicato diversamente.

Tra l'altro, la traduzione di queste poesie rappresenta invece il coronamento di un lavoro precedente fatto sulla prosa di Lorde, così mi ha raccontato una delle traduttrici di WiT, Margherita Giacobino, che ha tradotto prima, insieme a Marta Gianello Guida, l'edizione integrale di *Sorella Outsider* uscita per le edizioni Il Dito e La luna nel 2014: «È proprio dal lavoro sui saggi di questo libro fondamentale di Lorde che raccoglie tutti i suoi lavori in prosa, che nasce l'idea di tradurre anche la poesia, grazie a una rete di rapporti che permette per esempio di avere facilmente i diritti di *Sorella Outsider* attraverso un'amica di Lorde, Dagmar Schultz, autrice del documentario *Audre Lorde – The Berlin Years 1984 to 1992*».

«È stato un lavoro molto coinvolgente e partecipato» ricorda Giacobino «c'era già un'attesa, un'aspettativa sul lavoro di Lorde perché era conosciuto in Italia fin dagli anni Ottanta, ma sempre con traduzioni parziali, tra cui una bella traduzione che aveva fatto Rosanna Fiocchetto per il bollettino del CLI (Collegamento tra le Lesbiche Italiane). Essendo poi noi una piccola impresa militante, per finanziarci abbiamo prevenduto il libro facendo dei giri prima che uscisse in varie città italiane, quindi coinvolgendo una serie di gruppi di donne.»

«In seguito alla pubblicazione e al grande interesse intorno a *Sorella Outsider* che esce nello stesso fortunato anno per Lorde in Italia, in cui viene tradotta anche la sua autobiografia *Zami*, nasce in alcune donne, traduttrici e/o poete» prosegue sempre Giacobino «l'idea di tradurre anche le poesie: abbiamo scelto cinquanta titoli e ciascuna di noi ne ha tradotte sette più una collettivamente. Ognuna di noi traduceva e poi sottoponeva in una lettura collettiva il risultato del proprio lavoro che veniva commentato e rivisto dalle altre. È nato così il volume *D'amore e di lotta.*»

Sembra dunque che tutto quanto riguardi Lorde e la traduzione del suo lavoro sia sempre il frutto di un'impresa collettiva, partecipata. Del resto, una delle più importanti studiose post e decoloniali, Gayatri Chakravorty Spivak, citata proprio nella postfazione del volume italiano, «considera la traduzione come uno degli strumenti più potenti dell'impegno femminista per raggiungere la solidarietà tra donne» e oggi aggiungeremmo tra soggetti queer e lgbtqia+.

Per Lorde stessa la poesia si annuncia come uno strumento di sopravvivenza e di incredibile coerenza con quella che sarà anche la sua prosa, come nota anche Giacobino che le ha tradotte entrambe: «In comune tra la poesia e la prosa c'è la chiarezza, il rispetto del linguaggio, la precisione, la sintesi, l'uso dell'immagine e l'aderenza al reale. È cruciale in Lorde l'esame del sentire profondo, è un procedimento che per lei è poetico e politico allo stesso tempo. Unire l'emozione e il *deep feeling* con l'esame della ragione». Lorde supera dunque con grande agilità, attraverso un vero e proprio salto teorico che subito finalizza in una pratica di pensiero e azione poetico-politica, quel binarismo di comprovata tradizione filosofica bianca e maschile. È infatti la ragione, strumento ermeneutico indispensabile ma non unico per il femminismo, che esaminando questo *deep feeling*, il «sentire profondo», può far convergere tutta la ricchezza della singola esperienza personale di ogni donna (ma utilizzabile dal mondo intero qualora ne fosse persuaso) in termini di emozioni anche dolorose, che solo passate al vaglio possono essere conosciute e utilizzate in senso politico e collettivo.

«Usare il proprio sentire per non esserne usate» dice Lorde, cioè tradurre in prosa, sia letteralmente sia nell'andamento prosaico delle proprie giornate, il dolore e la sofferenza, l'esclusione e, nel caso più specifico delle donne nere, il doppio sopruso maschilista e razzista.

Il cammino verso l'utilizzo del *deep feeling* (che poi si può tradurre anche come l'uso dell'erotico di cui parlerò nel prossimo capitolo) è stato lungo e non poco faticoso per Lorde stessa che ci ha messo molto per fidarsi sia della parola scritta (*bianca* per antonomasia, quella dei libri) sia di sé stessa e della sua capacità di scriverla.

L'abbiamo lasciata ragazzina alle prese con un apprendistato poetico che coincide integralmente con un apprendistato sentimentale ed emotivo. Nonostante le scuole bianche cattoliche l'abbiano umiliata ripetutamente sia come alunna sia come essere umano, Lorde comincia finalmente a percorrere una strada di maggiore libertà espressiva entrando alla Hunter School, scuola superiore per studenti brillanti in inglese e matematica. Lei la definisce un'ancora di salvezza. Per la prima volta incontra giovani donne della sua età, nere e bianche, che parlano una lingua con cui finalmente condividere sentimenti e idee senza timore. Non solo, Lorde incontra degli adulti – i suoi insegnanti – che non giudicano insolenti le sue idee, come faceva invece la sua famiglia, da cui si distacca sempre di più. Si chiude in una «solitudine volontaria» che può esercitare solo dopo mezzanotte quando la porta chiusa della sua stanza non viene considerata un insulto.

«Scrivere poesie divenne un impegno costante e non più un vizio segreto e ribelle» scrive Lorde in *Zami*, da tenere però separato dalla sua famiglia e soprattutto dalla madre che vede in quelle ore passate in camera «un atto di separazione» e «uno smacco alla sua autorità», senza comprendere che quello è il frutto migliore di una crescita intellettuale che lei per prima ha incoraggiato nella figlia. Quella solitudine è invece interpretata dalla madre come rifiuto del mondo precedente, il suo, così poco alfabetizzato.

Da parte sua, Lorde – a causa della giovane età – non può che vedere solo le sue personali ferite, pensando di non essere amata dalla madre perché si comporta male, è grassa e non ordinata come le sue sorelle: «Se i miei genitori mi avessero amata non li avrei infastiditi così tanto» scrive in *Zami*.

In realtà Lorde sta cominciando a realizzare quello che Annie Ernaux nel suo romanzo *Il posto* chiama il passaggio sociale dalla classe inferiore dei genitori a una più alta e borghese, la classe delle lettere, dell'intelletto, della cultura che separa queste figlie dal proprio ambiente di provenienza attraverso una nuova lingua, anche quando con la stessa valorizzano i loro genitori nell'opera.

Alla Hunter School Audre comincia a mettere per iscritto quelle poesie che prima riteneva a mente per non essere scoperta. La prima, pubblicata nella rivista «Seventeen», di cui diventa anche redattrice, risale proprio ai tempi del liceo. Audre riesce a entrare in contatto e frequentare per un certo periodo anche un laboratorio di scrittori neri ad Harlem, la Harlem Writers Guild, anche se dirà di essersi sentita più tollerata che compresa. È ancora difficile tenere insieme più piani, anche a scuola, che coincidono con le diverse anime, quelle famose differenze che Lorde invece riuscirà solo col tempo a integrare nella sua identità. Alla Hunter infatti frequenta soprattutto per motivi intellettuali il gruppo delle «Marchiate», tutte bianche, che scrivono «poesia oscura» come lei e saltano la scuola, tra cui Diane di Prima, futura poeta beat che poi la aiuterà a pubblicare il suo primo libro di poesie nel '68: *The First Cities*, la prima delle dieci raccolte di Lorde. Con loro non parla mai di quello che vuol dire essere una delle poche nere della scuola, percependo ancora la sua differenza «come una minaccia» e preferendo raccogliere «gli avanzi ancora mangiabili da un mucchio di immondizia, sapendo che senza quell'immondizia avrei potuto morire di fame» riconsidera anni dopo.

È con Gennie, infatti, ragazza nera come lei, che passa i fine settimana, è con lei che passa ore a sperimentare vestiti diversi su corpi in costante mutamento, con lei decide se vogliono fare per gioco «le troiette» sulla Fifth Avenue indossando «gonne attillate e tacchi alti che facevano male ai piedi» oppure viaggiare dentro la metro che porta al Greenwich Village interpretando «le Africane» avvolgendosi la testa «con gonne a stampe vivaci» o «le Messicane» con «gonne a ruota lunghe e camicie svasate e sandali guarache».

E la poesia c'è sempre, soprattutto quando Lorde ha paura di emozioni che definisce «altrimenti inaccettabili», soprattutto quelle che prova verso altre donne come lei e che non sa subito nominare, a partire dall'attrazione verso la sua maestra Miriam Burstein fino al suo primo amore che è proprio Gennie, la sua migliore amica.

Nell'estate del 1948, Audre ha quattordici anni e guarda alla pace post Seconda guerra mondiale con entusiasmo, anche se sa che in quella nuova democrazia non c'è un vero spazio per lei e per quelle come lei, anche se a Washington D.C. poco tempo prima non hanno servito il gelato alla sua famiglia, ma quest'episodio da cui era partito il suo «fervore rivoluzionario» diventa una vera e propria «lente» con cui guardare il mondo guadagnando una posizione sempre più chiara. La giovane Lorde non sa ancora che quella sarà l'ultima estate per lei e per Gennie, che a maggio dell'anno successivo si uccide con del veleno per topi, a causa – forse (è sempre d'obbligo il «forse» per un suicidio) – di un dolore e di un senso d'abbandono che neppure la ricomparsa dopo quindici anni di suo padre riescono a lenire, anche perché l'uomo ha spesso dei momenti di violenza durante liti che diventano sempre più frequenti. Una delle ultime notti Gennie va a casa dell'amica Audre, ha il volto graffiato dopo una lite terribile con suo padre e chiede di fermarsi a dormire lì, ma Audre sa che non può chiedere questo ai suoi genitori, così Gennie passa la notte a fare su e giù per la metro e poi ingoia una dopo l'altra, dopo averle avvelenate, una dozzina di gelatine, comprate proprio con Lorde il weekend precedente.

Audre fa appena in tempo ad andare all'ospedale a trovarla e quando in un raro momento di coscienza chiede all'amica di non morire: «Lo vuoi ancora?» e l'amica risponde «Certo», Audre non ancora paga insiste e chiede il perché e Gennie risponde: «Non fare la scema adesso. Lo sai il perché». E invece no. Audre non sa il perché, non può sapere il perché di un'azione che lei in quel momento non commetterebbe. Comprende soltanto che il dolore profondo dell'amica è «una ragione sufficiente per *non* restare» in vita e che la loro amicizia non ha potuto cambiare le cose. E sente un'oscura colpa per questo, di non averle dato una ragione abbastanza buona per vivere. E quando, una volta tornata a casa, la madre che solo da altri ha saputo del suicidio, le dice di fare attenzione, la prossima volta, alle persone con cui va in giro, trasformando (come spesso succede alle madri e al materno) un tentativo di consolazione in un attacco personale, Lorde comprende che quella durezza vorrebbe nelle intenzioni infondere invulnerabilità nella figlia, ma non funziona così. E neppure

Louisa, la giovane madre che negli ultimi tempi aveva «costretto» Gennie ad abbandonarla se voleva frequentare suo padre, non ha le risposte giuste, che anzi chiede a Audre, in quanto migliore amica della figlia: «Audre, perché Gennie si è tolta la vita?».

Soltanto anni dopo, come spesso succede dopo la morte prematura di un'amica che si porta via irrimediabilmente anche una parte di noi e della nostra giovinezza, Lorde parlerà di Gennie sia in prosa sia in poesia, una volta in più a significare che ogni sua parola non ha uno specifico genere letterario di riferimento, ma solo quel *deep feeling* di cui si diceva, che una volta sgorgato può trovare forma in diversi modi, tutti validi, tutti accesi. E dunque, nella poesia *In memoria II*, pubblicata nella prima raccolta del '68, Gennie è un «uccellino affamato» di cui Lorde non ha mai potuto accettare il «volto che muore» e per lei Lorde ha ancora una domanda: «Genevieve dimmi dove le ragazze morte vagano dopo la loro estate».

In *Zami* invece, scritto dieci anni dopo *In memoria II* e a venti dalla morte dell'amica, il racconto può farsi ancora più preciso: «Gennie era stata la prima persona nella mia vita che ero consapevole di amare. E lei era morta. Amare era troppo doloroso. L'unico modo per evitare quel dolore era non amare nessuno». Una Lorde quarantacinquenne è in grado ormai di stabilire con un certo margine di sicurezza il periodo di autocensura e blocco che le proviene da questa morte, e non sembra così casuale che le relazioni sentimentali successive, le sue prime, siano soltanto con uomini bianchi di cui probabilmente non si innamora del tutto.

Intanto la sua vita prende velocità. Nel 1951 a diciassette anni, due settimane dopo essersi diplomata, va via di casa. Ha avuto una lite furiosa con la sorella Helen, la madre ha minacciato addirittura di chiamare la polizia e suo padre non ha mai smesso, in quei due anni dalla morte di Gennie, di fare commenti denigratori su di lei. Lorde è determinata, ma anche «tremante» nell'andarsene, eppure solo una volta fuori da quella casa riesce a creare un rapporto diverso con il Paese in cui da sempre si è sentita, per influenza genitoriale, solo «ospite». È a quel punto che cerca, ne ha bisogno, una vera e propria alleanza con altre donne, usando senz'altro la forza della madre, ma dando una reale possibilità a quel Paese che finora era stato solo «un luogo d'esilio», in cui lei però dopotutto, a differenza dei suoi genitori, è nata. E sono proprio quelle donne che le danno sostegno e le insegnano «un altro amare», una di loro la ospita quando va via di casa, nel Lower East Side (popolato da migranti europei).

Qualche tempo dopo Lorde si trasferisce a Brighton Beach ai confini di Brooklyn, popolato da tedeschi e russi, condividendo cucina e bagno con una signora ebrea depressa perché i figli, pur di non tenerla in casa, permettono che viva con chiunque, persino con una nera. Eppure, a quella ragazza nera non si vergogna di rubare le bibite in frigo quando lei è al lavoro o a scuola, tanto che Lorde una sera ci mette una sostanza che fa vomitare la vecchia signora tutta la notte.

È la sua risposta a una serie di soprusi cominciata da ormai troppo tempo. Non è facile essere una giovane donna nera e senza soldi che vive sola negli anni Cinquanta a New York. Per permettersi il College Lorde lavora di notte come aiuto infermiera, e vende il sangue per guadagnare qualche extra. La situazione diventa ancora più drammatica quando resta incinta di un ragazzo con cui la storia è già finita.

È allora che comincia per lei quel calvario che hanno percorso tutte le donne che nei secoli hanno cercato di interrompere una gravidanza, pratica considerata immorale socialmente e non permessa legalmente fino al 1973 negli Stati Uniti e oggi di nuovo cancellata come diritto in alcuni stati. Quando ho letto *Zami*, non troppi anni fa, pensavo che il terrore che prova la giovane Lorde nel non sapere come abortirà fosse ormai scongiurato. Lorde, come ogni ragazza di quella generazione – si pensi anche al racconto che fa del suo aborto Annie Ernaux negli anni Sessanta in Francia con *L'evento* – ha in testa una catena di aborti terribili che di bocca in bocca le sono stati raccontati da altre ragazze, alcune sopravvissute ad «aborti a poco prezzo su tavoli da cucina», altre amiche di ragazze morte per aver tentato di abortire da sole, chi «con un pennello numero 1», chi ingerendo veleni.

Anche Lorde in un primo momento cerca di avere l'ergometrina, un medicinale che procura emorragie, ma per fortuna una sua collega infermiera la dissuade e la aiuta mettendola in contatto con la madre di un'altra infermiera che le procura un aborto casalingo con un catetere, la cui descrizione di Lorde in *Zami* vale la pena qui di riportare per rendere consapevoli di cos'è stato abortire illegalmente nel passato e di cosa sta diventando oggi in sempre più stati degli USA. Al momento in cui si scrive, sono diventati quattordici, dall'Alabama al Texas, in cui vige un divieto totale o quasi sul diritto di interruzione di gravidanza.

> Il sottile tubo di gomma [...] introdotto nell'utero attraverso la cervice mentre era ancora morbido si avvolgeva nelle viscere con tutti i suoi quaranta centimetri, in una bella spirale. Una volta induri-

> to, le sue curve spigolose avrebbero rotto l'endometrio e innescato le contrazioni uterine che alla fine avrebbero espulso il feto insieme alla sacca amniotica. Sempre che non fosse espulso troppo presto. Sempre che non perforasse anche l'utero.

Lorde riesce dunque a superare questo momento, alla soglia dei suoi diciotto anni, solo con l'aiuto di altre donne, chi le dà appunto un indirizzo, chi le dà i soldi del taxi per tornare a casa dopo che crampi lancinanti non le permettono di stare in piedi al lavoro appena poche ore dopo «l'operazione». Ma lei stessa sente quella scelta come un difficile rito di passaggio verso una volontà di autoconservazione, «era scegliersi i dolori. Ecco cos'era vivere».

Nel mio romanzo *QUCHI. Quello che ho ingoiato* c'è un capitolo dedicato all'aborto della protagonista, non illegale come quello di Lorde, ma altrettanto violento da un punto di vista ostetrico, perché nessuna operatrice sanitaria avverte la protagonista Carla, la mia alter ego, di cosa le sta per accadere, e lei dice di non averlo mai letto neppure nei libri. Non lo ha letto perché io non avevo ancora letto *Zami*, in cui Lorde parla esattamente della

> agonizzante spola lungo il corridoio fra la mia stanza e il bagno, piegata in due dal dolore, ve-

> dendo grumi di sangue uscire dal mio corpo e cadere nel gabinetto [...]. Non avevo mai visto una tale massa informe rossa uscire da me prima di allora. Mi faceva paura. Avevo paura di morire dissanguata.

Anche questa forma di silenzio è stata infranta da Lorde, a differenza di quello che accade ancora oggi in alcuni nostri ospedali in cui ti danno una «pillola per sciogliere» – come dicono eufemisticamente – un feto già morto di morte naturale che va espulso (questo accade a Carla, questo è accaduto a me). La vergogna per queste *piccole* morti, siano provocate o meno da chi le porta su di sé, hanno spinto quasi sempre le donne delle generazioni precedenti, che avevano completamente interiorizzato il compito riproduttivo dalla società patriarcale, a tacere anche tra di loro.

Magari avessi letto prima la descrizione dell'aborto di Lorde, leggere cosa è accaduto alle altre donne aiuta non solo a non sentirsi sole in un momento spesso doloroso e quando non doloroso comunque complesso, ma anche a prepararsi, a non portare sulle spalle il peso di una scelta che, soltanto perché colpita da un silenzio storico, è una prima volta solo da un punto di vista individuale, ma in realtà è accaduta migliaia di volte, e con l'aiuto delle altre, del racconto delle altre, può accadere meglio, con una consapevolezza maggiore che può subito tramutarsi in una nuova forza.

Del resto, leggere l'autobiografia della giovinezza di Lorde dimostra una volta per tutte come raccontare il personale diventi questione ogni volta politica proprio e specialmente nel caso delle donne e dei soggetti lgbtqia+, le cui esistenze per lungo tempo sono state invece degradate proprio perché non avevano accesso a uno spazio e a una voce pubblica. Ma il non avere questo accesso ha reso ancora più *significante* il loro prendere parola e delineare questa linea d'ombra con uno sguardo per forza decentrato e dunque più *significativo* rispetto al discorso ufficiale maschile.

Sono dunque diversi i fatti della vita di Lorde, giovane donna nera nell'epoca maccartista, che hanno una eco profonda nella storia non solo sua ma degli Stati Uniti, anche quando nel '52 va a Stamford in Connecticut a lavorare alla Keystone Electronics, piccola fabbrica di cristalli dove viene esposta al tetracloruro di carbonio, già noto per causare il cancro al fegato e ai reni, informazione che l'azienda di Lorde, come molte altre fino all'arrivo di innumerevoli *class actions* degli anni successivi, sceglie di ignorare. E infatti ci sono diverse donne nere assunte. Più della media nazionale statunitense di quel periodo. Lorde è sola e confusa, ma proprio in quell'autunno dopo diversi mesi rinasce la poesia (si cita qui la traduzione di Grazia Dicanio in *Zami*), nel nome di Gennie, «l'unica compagnia» di quelle prime settimane lontana da New York:

> E non sei tornata ad aprile
> Sebbene primavera fosse una potente esca
> Ma hai trascorso il tuo tempo in silenzio
> Sapendo che i morti devono indugiare.
>
> E nemmeno sei tornata l'estate
> O prima che le verdi querce lasciassero
> Tracce di sangue nell'autunno
> E giungessero le ore per il lutto.

Lorde riesce a scrivere di lei forse proprio perché realizza solo in quel momento la realtà di quella morte, di quella mancanza destinata a perdurare, non un semplice colpo d'ali, non uno slancio avventato di giovinezza.

E qualcosa si scioglie, ha per la prima volta una relazione con una donna, Ginger Thurman, una sua collega, nera, divorziata, tornata a vivere con sua madre, che anche attraverso frequenti inviti nella casa di famiglia le dà quel calore che Lorde ha perso andando via così presto dalla casa dei suoi genitori. È la prima volta che Lorde si abbandona all'amore fisico con una donna che aveva come rimandato, realizzando una volta accaduto «la gioia alla quale era destinata».

Intanto nel 1953 il padre Byron con cui aveva ormai rapporti piuttosto distanti muore, così Audre torna a New York e frequenta talvolta il Waldorf Cafè, in cui andavano in quel tempo anche LeRoi Jones (Amiri Baraka), James Baldwin e altri scrittori neri, senza trovare però lì il suo ambiente, forse perché nonostante siano neri e razzializzati come lei, sono pur sempre uomini che non prendono troppo in considerazione una giovane autrice donna. È piuttosto la sua amicizia con la sindacalista bianca Ruth Barahas, che ha una madre russa-ucraina che viene arrestata e deportata, a mettere Lorde in contatto con i soprusi del suo Paese verso chi non ha la cittadinanza. Perdurano i tempi bui del maccartismo, in cui si può cacciare chiunque dall'America accusandolo di essere comunista. Oggi anche per meno.

Lorde va a protestare a Washington contro la condanna a morte dei coniugi Rosenberg per spionaggio russo, ma senza successo: vengono giustiziati entrambi.

Disgustata dal clima politico repressivo e dall'omofobia crescente del suo Paese, parte per il Messico nel 1954, dopo anni faticosi in cui ha girovagato da un appartamento all'altro, da un lavoro precario all'altro, ma anche anni in cui ha approfondito tante relazioni con donne senza ancora dar loro precisamente un nome.

Lorde arriva a Città del Messico con pochi contatti, pochi soldi e solo qualche rudimento di lingua spagnola. Ma proprio lì, lontano da New York, approfondisce le due relazioni più importanti della sua vita in quel momento: il suo essere poeta e il suo essere lesbica.

In realtà, all'inizio è di nuovo un'*outsider*: per aspetto sembra cubana ai messicani e messicana agli americani. In una lettera all'amica Ruth dice di sentirsi come una cipolla, con tanti strati di pelle a seconda di chi la guarda.

Appena arrivata si sente molto sola e ansiosa di cominciare i corsi di storia ed etnologia nella Ciudad Universitaria di Città del Messico.

Finché, dopo un viaggio a Cuernavaca per visitare proprio un'amica di Ruth, scopre la sua dimensione in questa piccola cittadina poco fuori la capitale, piena di espatriati, di americani comunisti cacciati dal maccartismo, di donne lesbiche e bisessuali, insomma, di tante persone libere, più libere che a New York e con un forte senso della comunità. Pochi giorni dopo, affitta lì una casa in condivisione con altre donne e ha la sua prima relazione stabile con una di loro, la giornalista Eudora Garnett, più grande di lei di ventisette anni, che diventa per Lorde una mentore della cultura e del modo di vivere messicani, costituendo un ideale nido «in questa terra di persone scure e di colore che dicevano *negro* [nero in spagnolo] e intendevano qualcosa di bello».

Inoltre, Eudora è la prima donna a definirsi lesbica e non gay («Per Eudora quella parola della costa est del Nord America non significava niente, e inoltre tutte le lesbiche che aveva incontrato lei erano tutt'altro che gaie»), ed è la prima donna a non nascondere una mastectomia. Non ha infatti nessuna protesi per il seno perso. Con Eudora, Lorde vive la sua prima relazione completa con una donna, fatta di attrazione fisica, intellettuale ed emotiva, dando vita a una parte finora «semi sconosciuta [...] che diventava adulta e veniva fuori a incontrare lei».

Anche dal punto di vista della scrittura poetica, Lorde ha un'epifania, durante un viaggio in autobus verso Cuernavaca: scopre che quella realtà straordinaria e vivida che aveva immaginato da piccola non deve ogni volta inventarla, ma esiste già. Deve solo ricrearla, cercando di riprodurre la qualità della luce e quel «love for the blind beauty of words» (l'amore per la bellezza cieca delle parole), come cita dal suo diario non pubblicato di quell'esperienza in Messico la sua biografa De Veaux.

Quando Lorde torna a New York dopo l'esperienza messicana, dentro di lei è in atto un grande cambiamento. In una poesia che scriverà molti anni dopo mi è sembrato di vederlo. E quante altre volte ancora avverrà, nella sua vita e nelle nostre. Così sembra dirci quella che sarà la poeta riconosciuta Audre Lorde.

La poesia si chiama *Stazioni*:

Certe donne amano
Aspettare
la vita un anello
nella luce di giugno un abbraccio
del sole che le guarisca di un'altra donna
la voce che le completi
che sleghi le loro mani
metta parole nelle loro bocche
dia forma ai loro percorsi suono
alle loro grida [...]
Certe donne aspettano il treno
giusto nella stazione sbagliata
[...]

Certe donne aspettano che l'amore
faccia sorgere
il figlio della loro promessa
di raccogliere dalla terra
quello che non seminano
[...]

Certe donne aspettano visioni
che non si ripetono
dove non erano benvenute
nude
il rinnovarsi di inviti
in luoghi
che avrebbero sempre voluto
visitare.

Certe donne aspettano sé stesse
dietro l'angolo
e chiamano pace quello spazio vuoto
ma il contrario di vivere
è solo non vivere
e alle stelle non importa.

Certe donne aspettano che qualcosa
cambi e niente
cambia veramente
perciò cambiano
sé stesse.

3
Sorella outsider. Sempre dalla parte sbagliata

> Ho sempre voluto essere uomo e donna insieme, dare corpo alle parti più ricche e forti di mia madre e mio padre dentro me. [...] Vorrei entrare in una donna come può farlo qualsiasi uomo, ed essere penetrata – lasciare ed essere lasciata – essere calda e dura e morbida allo stesso momento, mi piacerebbe avanzare e altre volte fermarmi o essere guidata.

Così scrive Audre Lorde nel prologo di *Zami. Così riscrivo il mio nome*, la sua autobiografia della giovinezza, in cui mette a fuoco per la prima volta in prosa (prima l'aveva fatto in poesia), che donna è diventata, che bambina è stata e cosa ha sempre desiderato. Lo fa con un linguaggio vitale e un immaginario penetrante, con l'emozione di chi va scoprendo giorno dopo giorno parti di sé. Vive.

E dunque anche il sentirsi sia uomo sia donna, ossia sentire dentro di sé energie diverse, che la storia ha chiamato maschile e femminile e che Lorde interpreta come «lasciare» ed «essere lasciata», «avanzare» o «essere guidata», diventa un modo per accogliere in sé delle differenze che, dice Lorde, diventano inconciliabili solo quando non si hanno strumenti per accettarle. Ma non è stato sempre facile.

Quando scrive il libro, Lorde ha quarantotto anni e un lungo cammino già percorso: ha due figli avuti all'interno di un matrimonio con un uomo, tanti lavori precari da operaia a segretaria e diverse relazioni con donne, ma solo nel 1973 si è dichiarata pubblicamente lesbica in un bar libreria femminista durante un reading delle sue poesie. Scelta non facile, né scontata, né mai obbligata quella del *coming out*, e proprio Lorde ci insegna che non c'è mai un unico modo per fare le cose, né un'unica via perché ogni scelta nasce da una storia diversa, da una differenza, e noi dobbiamo ogni volta capire cosa farne. Della nostra vita. Ogni giorno.

Zami esce dunque negli Stati Uniti nel 1982 per una piccola casa editrice lesbica, la Persephone Press. La scelta di Audre del piccolo editore newyorkese è un preciso gesto politico: perché, come ci ricorda Liana Borghi nella bella introduzione all'edizione italiana, il libro si rivolge soprattutto alla comunità lesbica. Anche se fin da subito quelle prime cinquemila copie diventeranno sempre di più e cominceranno a circolare ovunque negli Stati Uniti. In Italia, come spesso è accaduto con le opere di Lorde, *Zami* è arrivato prima sottobanco, fotocopiato tra università e festival, poi finalmente è stato tradotto e pubblicato sempre attraverso l'iniziativa di donne/femministe militanti che l'avevano letto in inglese, come la sua traduttrice Grazia Dicanio.

A quarantotto anni Lorde è pronta a scrivere, dunque parlare pubblicamente delle sue relazioni con le donne e del suo desiderio che è prima di tutto scoperta di sé, ma il cammino è stato lungo.

L'avevamo lasciata in Messico, lontano da casa, dove aveva scoperto/accettato nuove parti di sé. Cosa è successo a quella giovane donna in questi trent'anni?

Siamo negli anni Cinquanta. Dopo la storia d'amore con Eudora Garnett, la giornalista americana di stanza in Messico, una Audre ventenne torna a New York con una nuova energia e consapevolezza sul suo essere poeta e il suo essere lesbica. Affitta un nuovo appartamento con l'amica

Ruth, con cui ha già condiviso molte battaglie per i diritti civili. Inoltre frequenta il College dove studia letteratura e filosofia, ha cominciato a lavorare come bibliotecaria e partecipa insieme ad altre amiche alla scena gay del Greenwich Village di New York che detto così sembra una cosa molto cool, affascinante (soprattutto se pensiamo ai nostri vetero-anni Cinquanta in Italia).

Ma noi ora, come raccomanda Lorde, non ci fermeremo alla superficie «bianca» delle parole, cioè quella in luce, ma scenderemo più giù, verso un sentire più profondo e radicale, dunque spesso anche contradditorio di realtà non sempre pacificate tra di loro.

Infatti leggendo *Zami*, ma anche la biografia di Lorde scritta da De Veaux (per ora non tradotta in italiano), scopriamo che quei bar gay sono gli unici luoghi di incontro e un tentativo di uscire dall'isolamento in una società statunitense per il resto ben poco accogliente. Negli anni Cinquanta, in piena Guerra Fredda c'è ancora una rigida divisione dei ruoli di genere, e ci sono leggi contro i cosiddetti «psicopatici sessuali», cioè gli omosessuali e chiunque non si comporti in modo conforme ai dettami di una società etero-bianco-normativa.

E dunque: i bar che Audre frequenta sono sorvegliati dalla polizia che con un qualsiasi pretesto li fa chiudere continuamente, le donne che indossano indumenti considerati maschili vengono perquisite, schedate, e se non hanno addosso almeno tre elementi di vestiario considerato femminile possono persino essere arrestate con l'accusa di travestitismo.

Anche la televisione che entra ormai ogni giorno a casa delle famiglie statunitensi contribuisce a veicolare con i suoi programmi l'immagine della bella famiglia nordamericana, bianca, mai critica, patriottica, eterosessuale.

Razzismo e segregazione definiscono invece le persone nere devianti e le famiglie nere patologiche.

E poi, tra la fine degli anni Cinquanta e l'inizio degli anni Sessanta, cioè in pieno movimento per i diritti civili degli afroamericani, c'è la difficoltà delle stesse donne nere, a maggior ragione lesbiche, di fare gruppo tra loro, considerando poi che in quel momento sono impegnate nelle battaglie civili e lottano unite con i maschi della loro gente che si stringe attorno ai propri leader, Martin Luther King e Malcolm X. In quegli anni si schierano contro i soprusi dei bianchi, e raggiungono il traguardo dei Civil rights che finalmente nel 1964 sanciscono, almeno legalmente, la fine della segregazione razziale. Le donne nere sembrano dunque non avere modo e tempo di occuparsi delle loro questioni come stanno cominciando a fare le donne bianche, che però non sono impegnate in un processo di liberazione del loro intero popolo.

Lorde ricostruisce la situazione dell'epoca in un articolo del '79 in cui dice che «le donne Nere dovevano stare un passo indietro agli uomini che lottavano» e non si sono potute dedicare da subito a problemi che riguardavano solo loro come «essere costrette a mettere al mondo un figlio, essere stuprate, o sterilizzate».

> L'affermazione di un gruppo non vuol dire la distruzione di un altro, il mio definire me stessa donna non può impedire o ritardare la tua autodefinizione di te uomo.
> L'idea sbagliata presente soprattutto nei popoli oppressi è che ci sia solo una certa quantità di libertà da dividersi, io la prendo e per te non c'è più niente. È vero l'esatto contrario.

«Del resto anche alcune donne nere etero vedevano le lesbiche come minaccia per l'estinzione.» Leggiamo ancora da *Zami*:

> Ci sono sempre state lesbiche nere – nel senso di donne potenti e orientate verso le donne – che sarebbero morte piuttosto che usare quel nome per definirsi. Mia madre inclusa.

E dunque la giovanissima Lorde, dovendo scegliere tra una comunità nera che non riconosce l'omosessualità e una bianca lesbica in cui la nerezza non costituisce problema, al momento sceglie la seconda situazione, cioè di trovarsi in bar gay di donne bianche piuttosto che nei bar delle comunità nere.

Ecco cosa scrive di nuovo in *Zami*:

> Ricordo come ci si sentiva a essere giovane e Nera e gay e sola. In parte era positivo, sentire di possedere la verità e la luce e la chiave di tutto, ma in parte era un vero inferno. Non c'erano madri, né sorelle, né eroine. Dovevamo fare tutto da sole, come le nostre Amazzoni. [...] Noi, giovani e Nere e belle e gay, ci siamo leccate le nostre prime ferite d'amore da sole senza una compagna di scuola o d'ufficio con cui potersi confidare in pausa pranzo. [...] E troppo spesso ci ritrovavamo ad andare a letto con le stesse donne bianche. Ci consideravamo sorelle outsider esotiche che avrebbero guadagnato poco unendo le forze.

Nel corso degli anni Sessanta, questi bar cominciano a diventare luoghi di resistenza: i moti di Stonewall, per esempio, partono da una delle tante irruzioni violente della polizia nel bar gay chiamato Stonewall Inn nel Greenwich Village. Quei disordini sono avvenuti nella notte tra il 27 e 28 giugno 1969, e per questo il 28 giugno è oggi la giornata mondiale dell'orgoglio lgbtqia+.

All'interno del nascente movimento di liberazione gay, prettamente bianco, il razzismo non viene discusso, non fa problema. La comunità è all'inizio basata solo sull'orientamento sessuale. E dunque questa comunità è sentita da Lorde, di nuovo, come precaria, perché un legame basato solo sull'omosessualità non può chiaramente essere sufficiente per lei che prima di tutto si definisce Nera. E con la N maiuscola a significare come per gli altri sia stato importante definire così lei e la sua gente.

Inoltre anche all'interno della comunità lesbica dei bar gay anni Cinquanta, Lorde è in una posizione scomoda. Perché, a differenza della maggior parte di loro, non si definisce né *butch* né *femme* (né maschile né femminile, secondo vecchi stereotipi). Lei si sente, lo abbiamo letto in *Zami*, sia uomo sia donna, ma quelle come lei sono etichettate dalla stessa comunità come *Ky-Ky* o *AC/DC*, e viste male perché ritenute ambigue, queer, ma non nel senso inclusivo di oggi.

E Audre Lorde è una *Ky-Ky*:

> Le donne nere che vedevo nei pressi del Bag [un locale] adottavano ruoli pesanti, e ciò mi spaven-

> tava. Il loro bisogno di potere e controllo sembrava una parte fin troppo esposta di me con addosso gli abiti del nemico.

Intanto Lorde esplora altri aspetti della controcultura degli anni Sessanta: fuma marijuana in pubblico e prende amfetamine durante i periodi di dieta e stress. Va anche da uno psicanalista, Clement Staff, per curare una depressione insorta fin da giovanissima, incubi e un senso di solitudine invincibile. Il dottore muore poco dopo lasciandola in uno stato di shock da cui lei cerca di risollevarsi grazie alle sedute con un allievo del vecchio psicanalista.

Lorde continua ad avere diverse relazioni e flirt con donne, ma nel 1962 sposa un uomo e pure bianco, Edwin Rollins, avvocato bisessuale con cui costruisce una famiglia interrazziale: insieme hanno una figlia, Elizabeth, e un figlio, Jonathan. Questo rapporto segna un'ulteriore declinazione dell'essere *outsider* per l'attivista nera e lesbica Lorde, ormai è quasi una vocazione per lei andare a esplorare, a superare le forme già date, partendo dalla sua esperienza che diventa ogni volta un modo per allargare categorie, non per chiudersi nelle proprie. Altro insegnamento fondamentale per il nostro contemporaneo così diviso, anche all'interno degli stessi femminismi. D'altronde, però, leggendo la biografia di De Veaux, basata anche sui diari inediti di Lorde, ci si rende conto che ogni sua scelta non è stata mai immediata o semplice, ma frutto di lunghi periodi di riflessione e di esperienze diverse, anche contraddittorie tra loro. Il matrimonio con un uomo stupisce molte sue amiche e lei stessa, che si trova a essere coinvolta da un progetto familiare che non aveva mai pensato di vivere in quel modo, rivivendo all'inizio del rapporto una serie di stereotipi di genere che vedono lei, seppure da poco laureata in Inglese e Filosofia e con un master in Biblioteconomia, a casa con i bambini piccoli, e il marito che cerca di fare carriera come avvocato e si preoccupa fino a un certo punto della realizzazione della moglie. Infatti sarà solo dopo aver reincontrato Diane di Prima che Lorde, incoraggiata dalla sua ex compagna di scuola, ora poeta legata al movimento Beat, pretenderà di avere, se non una stanza, almeno tre ore tutte per sé, la domenica, per continuare a scrivere. È Diane stessa a regalarle una scrivania che Lorde sistema nella sua camera da letto chiamando quella parte della stanza «her poetry corner», il suo angolo della poesia. E com'è fragile, com'è una delle tante di noi Lorde, quando si perde in questa sua maternità che la trascina via da una parte fondante di sé, e che solo con l'aiuto di un'amica che la conosce da tempo, da quel tempo in cui proprio quella parte si è formata, riesce a recuperare.

Il rapporto matrimoniale di Lorde da una parte è simile a molti matrimoni di quel tempo in cui non esistevano unioni civili tra persone dello stesso sesso che decidevano di sposarsi per avere figli, spesso condividendo interessi simili e facendo sesso non solo per procreare. Al tempo stesso contiene una parte di trasgressione, a leggerla con lo sguardo di oggi in cui c'è un allargamento dei diritti, ma paradossalmente un restringimento della libertà e dell'esplorazione individuale all'interno della coppia. A prescindere dai gusti personali, è infatti oggi socialmente molto meno accettato il tipo di matrimonio di Lorde in cui entrambe le componenti non smettono di desiderare e avere storie con altre persone. Semmai la differenza tra Audre e Ed è che la prima include le sue amanti tra le amiche che dunque frequentano la sua casa, mentre Ed ha un rapporto molto più difficile con la sua omosessualità, preferendo viversi i suoi rapporti con gli uomini lontano dal contesto familiare. È molto taciturno anche sulle difficoltà economiche che attraversa ciclicamente con il suo lavoro, per un senso di vergogna tutto interiorizzato da una società che pensa fermamente sia un uomo a dover portare i soldi a casa.

Lorde cerca pian piano di emanciparsi dalle

strettoie della vita familiare con l'aiuto delle sue amiche e fino a un certo punto con la cura di Ed stesso che è un padre amorevole verso i figli, ma è sempre la scrittura, in quegli anni la poesia, a tenere insieme le fila di tutti i discorsi, che poi confluiranno nella prima raccolta, in cui vengono già denudate quelle che potrebbero a un primo sguardo sembrare delle contraddizioni e che invece per Lorde, grande anticipatrice di tutti i discorsi sulle differenze, appaiono come una vera ricchezza per capire la reale dimensione dell'alterità. Cosa pensa, chi è, cosa sente l'altro/l'altra da me che prima di tutto sono io?

Nel '68 però, quelle difficoltà taciute da Ed vengono allo scoperto e la famiglia Rollins-Lorde attraversa un periodo assai difficile economicamente. Lorde è molto agitata, riesce a trovare un lavoro come bibliotecaria e ricomincia saltuariamente a fare uso di amfetamine. Quando la invitano a parlare di poesia al Tougaloo College di Jackson nello stato del Mississippi, Lorde, al contrario di quanto si potrebbe pensare, ha molta paura di andare nel sud degli Stati Uniti perché sa che il Ku Klux Klan è ancora attivo in quelle zone. E poi non ha mai insegnato: al limite lei è solo una poeta che sta per pubblicare il suo primo libro di poesie, *The First Cities*, ma proprio Ed la convince ad accettare promettendo che si occuperà dei bambini.

Proprio lì, lontano da casa, Audre comprende una cosa fondamentale per la sua vita. Come in Messico aveva capito di essere una poeta e che la poesia l'avrebbe sempre accompagnata come «altro» sguardo nel corso della sua vita, così in Mississippi capisce che insegnare le riesce bene e che è ciò che deve e vuole fare per la comunità. Perché insegnare significa mettere a disposizione sé stessa, la propria esperienza prima ancora che il proprio sapere. Insegnare vuol dire dare la forza ad altre persone e darsi forza lei stessa. «Insegnare è una tecnica di sopravvivenza – dice Lorde a Rich nell'intervista già citata – è il solo modo in cui avviene il reale apprendimento.» E aggiunge qualcosa che raramente ci hanno insegnato ad ammettere, soprattutto a noi che insegniamo: «Siccome io stessa stavo imparando qualcosa, mentre lo esaminavo e lo insegnavo, in quello stesso momento lo imparavo. Lo insegnavo a me stessa ad alta voce».

Insegnare agli studenti, per la maggior parte neri e nere, di Tougaloo significa anche confrontarsi con quei sentimenti scomodi quali rabbia e paura che lei stessa aveva provato come studente e che ora in quella classe le rimandano indietro. Come insegnare loro a rispondere a quell'odio in cui si sono trovati immersi fin dalla nascita? Come «insegnare a trasgredire»? Come raccomanda un'altra grande intellettuale nera e insegnante femminista, autrice del fondamentale *Elogio del margine*: bell hooks.

Mentre Lorde impara a essere un'insegnante facendolo, secondo quel «learning by doing» teorizzato da Freire (già citato qui come autore della *Pedagogia degli oppressi*) e da Dewey e che non vale ovviamente solo per gli/le studenti, ma per chiunque impari qualcosa di nuovo, Lorde non smette mai di essere anche poeta. Durante quel periodo così intenso passato in Mississippi, scrive quasi tutte le poesie della seconda raccolta *Cables to rage* (Segnali alla rabbia). Inoltre a Tougaloo incontra Frances Clayton, sua futura compagna che starà con lei diciassette anni. Ma di questo parleremo poi.

Intanto è arrivato il 4 aprile 1968. Audre ha concluso il corso di poesia in Mississippi ed è tornata a New York dalla sua famiglia. Quel giorno è andata in una chiesa ad ascoltare i suoi ex studenti di Tougaloo, che sono venuti a New York per cantare con Duke Ellington. Le hanno chiesto di scrivere un articolo e lei è lì a fare festa con loro. Ma proprio nel momento in cui stanno cantando

What the World Needs Now Is Love (Quello di cui il mondo ha bisogno ora è amore), arriva la notizia che Martin Luther King è stato assassinato. Il coro si ferma e tutti cominciano a piangere. Sconvolti. Addolorati. Arrabbiati. Eppure, da qualche parte dentro di loro e collettivamente, arriva una forza che li spinge a ricominciare il canto: tutti, il coro, il pubblico, ognuno presente in quella sala piange e canta *What the World Needs Now Is Love*.

Intanto le divergenze con Ed aumentano, la pensano diversamente anche sulla guerra in Vietnam. Lorde è andata a tutte le marce di protesta, mentre Ed pensa che la presenza dell'America in Vietnam abbia un senso. Lorde è sempre più coinvolta dal movimento femminista e dalle proteste antisistema, al tempo stesso sta dando nuove direzioni alla sua vita. Con l'aiuto di un'amica, porta il suo primo libro di poesie alla direttrice della biblioteca in cui è impiegata, che le procura i suoi primi lavori da insegnante nelle classi di recupero di inglese, quelle in cui conosce Adrienne Rich e altri poeti-scrittori-insegnanti.

Audre, in virtù di quel nuovo lavoro che la sfida e la appassiona, riesce finalmente a studiare su quei libri che da studente l'avevano allontanata: anche la grammatica, vista con altri occhi, diventa una materia liberatoria, che può dare forma al mondo anziché, come pensava prima, costringere il pensiero.

Mentre Audre approfondisce e fortifica il suo stesso sapere, ogni classe che le capita sembra portare con sé una sfida sempre maggiore. Tra le prime esperienze, deve insegnare a docenti bianchi che andranno a loro volta a insegnare ai bambini neri delle scuole pubbliche di New York.

Lorde dice che piuttosto dovrebbero essere i bianchi a insegnare ai bianchi perché è un grande dispendio di energia per una vittima (come lei, nera) insegnare all'oppressore bianco, come l'oppressore si aspetta che lei faccia: i neri ai bianchi, le donne agli uomini, i gay agli etero.

Altra esperienza di insegnamento che le lascia moltissimo è al John Jay, un college di poliziotti dove i suoi studenti sono logicamente armati, uomini educati a esercitare violenza nei confronti di persone come lei, nere e donne.

Ma non c'è solo il colore della pelle a fare la differenza in una società in cui, scrive Lorde nel già citato articolo *Età, razza, classe, sesso*, «il bene è definito come *profitto* e non in termini di *bisogni umani*». La verità è che siamo tutti e tutte incoraggiati a vedere «le differenze umane come semplici opposizioni dicotomiche: bianco/nero, dominante/subordinato, buono/cattivo, sopra/sotto, superiore/inferiore» e oltretutto questo tipo di società per autosostenersi ha bisogno ogni volta di individuare un gruppo (o più gruppi) di persone che sono di troppo e che devono occupare un posto a parte, un posto degradato, o infantilizzato. È il posto dell'«inferiore deumanizzato», cioè dell'umano ridotto a categoria. La categoria dei neri, delle donne, delle persone povere, anziane o malate, o anche categorie storiche come quella degli schiavi.

Anche qui Lorde è una grande anticipatrice di un linguaggio delle nuove Scienze Sociali e dei Black Studies, che porranno attenzione al fatto che non esistono gli schiavi ma gli *schiavizzati*, perché non sono nati schiavi; non persone povere ma *impoverite*, perché nessuno deve avere nel suo destino una condizione economica che lo declini per intero.

Nello stesso periodo in cui Lorde insegna nel college dei poliziotti, un poliziotto bianco uccide un nero e non viene condannato. Lorde ascolta la notizia dalla radio mentre sta guidando e si sente male, prova il desiderio di uccidere quell'unica donna nera che ha votato, nella giuria, con nove uomini bianchi. Si chiede cosa possa aver pensato quella donna per prendere una decisione così ingiusta. Un abominio. Si chiede quanto anche quella donna debba avere introiettato il concetto di inferiore deumanizzato, cioè di essere umano degradato appunto della sua umanità, un essere non-più-umano cui si può fare qualsiasi cosa.

Dieci anni dopo, oltre a raccontare questo episodio nella celebre intervista a Rich che contiene davvero molti passaggi salienti sulla sua vita, Lorde ne parla in una poesia che compare nella raccolta *The Black Unicorn* del 1978 in cui descrive l'assoluzione di quel bianco di trentasette anni al grido GIUSTIZIA È FATTA di altri undici uomini bianchi della giuria e di una donna nera. Questo addolora Lorde in modo tremendo per quella donna nera, «trascinata sopra i carboni ardenti/ di quattro secoli di collusione fra maschi bianchi/ finché lei ha ceduto il primo vero potere che avesse mai avuto».

Una *collusione* che passa indenne attraverso altri quarant'anni della nostra storia occidentale, piena di massacri legalizzati impuniti, fino ad arrivare al 2020, quando un altro nero, George Floyd, viene ucciso da un poliziotto bianco. Stavolta però c'è il video a testimoniare l'orrore e tutto il mondo può guardare quello che accade, il poliziotto può essere condannato. Ma senza quel video girato da un passante, sarebbe stato possibile? Senza vedere quel ginocchio che preme sulla gola, ci avremmo creduto?

Il concetto di inferiore deumanizzato ha fatto così tanti danni alla nostra mente?

Eppure la morte è banale, l'omicidio è l'ultimo atto, quello che tutti possono vedere, decifrare. Andiamo più sotto, di nuovo. Andiamo a capire da dove parte il disprezzo, la discriminazione. La disattenzione.

Negli anni Ottanta Lorde racconta a una conferenza femminista una storia che risale al 1967. C'è una bambina nera dentro il carrello del supermercato spinto dalla mamma. Una bambina bianca, anche lei nel suo carrello, la vede e la indica: «Guarda mamma... Una cameriera piccola!». La madre le fa cenno di tacere invece di correggerla, di dire: quella non è una cameriera, ma una bambina. Esattamente come te. E se tu conosci solo nere che fanno le cameriere e non hai accesso all'esistenza di tutte le altre, tanto da convincerti che a un colore della pelle corrisponda un unico stile di vita, un'«unica storia» come direbbe Chimamanda Adichie, allora la responsabilità è anche mia. Mia di madre, di donna bianca, e della società in cui sono nata e che sto contribuendo a perpetuare.

L'inferiore deumanizzato è la cameriera piccola, una bambina nera di due anni che la bambina bianca non riconosce come sua pari nel pieno dell'uguaglianza di due esseri umani, ma come un accessorio. E si deve sbrigare a crescere, la cameriera piccola, per rendersi utile, perché questo determinerà la sua sopravvivenza.

L'inferiore deumanizzato non ha diritto a vivere di per sé come fa il suo dominatore, ma deve affannarsi a rendersi utile, lavorare sodo se vuole vivere in una società che non è stata pensata da e per lui/lei/loro, intendendo gli oppressi/le oppresse.

A questo punto non si può non riconoscere in questo ritratto proprio i genitori di Audre Lorde che si comportavano esattamente così: lavoravano sodo e a testa bassa cercando di dare meno fastidio possibile alla società che li aveva accolti. Frequentavano un'invisibilità sociale e ora Lorde ha tutti gli strumenti per capirlo, per capire che parte dei comportamenti dei suoi genitori, i loro silenzi, non era dovuta a un carattere personale ma a un'oppressione collettiva esercitata su di loro come esseri inferiori deumanizzati in quanto migranti e in quanto neri.

E poco sembra essere cambiato da allora se alla conferenza del 1980, quando Lorde racconta la storia della bambina nera scambiata per cameriera, c'è una femminista bianca che ride imbarazzata come fosse davvero una storiella. Peccato che una storiella non sia, perché quella madre nera che spinge il carrello nel 1967 è Audre Lorde e la bambina, la «cameriera piccola», è sua figlia Elizabeth.

Quella figlia che da grande dirà alla madre: «Non sei mai una persona intera se stai zitta perché c'è sempre un piccolo pezzetto di te che chiede di essere detto».

E questi pezzetti di noi che ci portiamo dentro, ognuno i suoi, chiedono di essere detti, di essere espressi e conosciuti. Infatti non sono le differenze che ci separano, dice sempre Lorde, quanto il rifiuto a conoscerle. Non sono le differenze a immobilizzarci, ma il silenzio.

Oltretutto Lorde, come femminista, socialista, nera, lesbica appartenente a coppia interraziale e madre di due figli, si è trovata sempre a far parte di una qualche minoranza deviante, inferiore, sbagliata. Ed è arrivato il momento di mettere a tema tutte le differenze che non possono essere declinate solo dal femminismo bianco ricco occidentale.

Le donne nere, dice Lorde, sono state sempre molto visibili (a causa della loro differente fisicità) e al tempo stesso invisibili a causa di una spersonalizzazione operata dal razzismo. «Non era previsto che sopravvivessimo. Non come esseri umani.» Ed è proprio questa visibilità, sebbene le renda più vulnerabili, che può diventare la maggiore fonte di forza.

Insieme ad altre pensatrici e scrittrici nere di quel periodo come bell hooks, appunto, e poi Toni Morrison, Alice Walker e Angela Davis, Lorde è tra le maggiori protagoniste del femminismo nero (che si sviluppa poi in intersezionalismo) e dice con grande forza che «il femminismo Nero non è il femminismo bianco con una faccia nera», ma ha i suoi problemi specifici, intanto un razzismo che le femministe bianche non considerano perché non lo subiscono. E poi ulteriori elementi come età, razza, classe modificano completamente la vita delle persone, soprattutto delle donne non bianche.

Nel 1981 esce l'antologia che include anche due articoli di Lorde chiamata *This Bridge Called My Back* (Questo ponte chiamato la mia schiena) che viene proprio da un collettivo di femministe non bianche, curato da Cherríe Moraga e Gloria Anzaldúa, femminista chicana, lesbica, proletaria che nasce in Texas a pochi chilometri dal Messico, la quale ha approfondito il concetto di frontiera. (Nel 2022 è uscito per la prima volta in Italia un corpo esaustivo dei suoi scritti, *Luce nell'oscurità. Luz en lo oscuro* per Meltemi.)

Lorde è ormai pronta per andare a fondo nelle differenze, anche economiche, tra donne. Del resto per una pensatrice che si dichiara socialista è una categoria assolutamente indispensabile e fondativa:

> C'è una pretesa dell'omogeneità dell'esperienza coperta dalla parola *sorellanza* che di fatto non esiste. Le differenze di classe non riconosciute derubano le donne della loro energia reciproca e di uno sguardo creativo verso l'altro.

E poi in un altro passo dello stesso articolo *Età classe, razza, sesso: le donne ridefiniscono la differenza*, Lorde si rivolge direttamente alle donne bianche, e dunque anche a me che scrivo e alla maggior parte di voi che state leggendo questo libro in italiano. L'Italia non ha ancora compiuto i necessari passi politici, vedi il diritto di cittadinanza ius soli, ed economici come il diritto al lavoro, perché un buon numero di donne non bianche possa leggere questo libro con la stessa pace, tempo e tranquillità di una donna bianca. Anzi, la situazione sta peggiorando sempre di più con le nuove leggi, tra cui il Decreto flussi del 2025.

Sentiamo, appunto, cosa dice Lorde:

> Le donne bianche affrontano l'insidia di venire sedotte dal potere bianco (pericolosa fantasia che se sei brava abbastanza, carina abbastanza, eccetera allora ti sarà permesso di coesistere abbastanza in pace con il patriarcato a meno di non incontrare uno stupratore o finché un uomo non avrà bisogno del tuo lavoro).

Lo stupro non è sessualità aggressiva ma aggressione sessualizzata. Come afferma lo scrittore nero Kalamu ya Salaam: «Fino a quando esisterà il dominio maschile, esisterà lo stupro. Solo la rivolta delle donne e la presa di coscienza degli uomini della loro responsabilità nel combattere il sessismo possono, insieme, mettere fine allo stupro».

Anche gli uomini neri, infatti, secondo Lorde, sono danneggiati dal sessismo che li priva di connessioni importanti con le donne nere. Lei raccomanda sempre di continuare a lottare con gli uomini contro il razzismo e con le donne contro il sessismo.

Lorde è una grande pensatrice proprio per questo: perché nel suo essere completamente radicale non rinuncia mai al dialogo con l'alterità. Da una parte le differenze vanno portate alla luce e riconosciute, ma questo non deve impedire un dialogo. Anzi, è solo da quel portare alla luce che può iniziare il dialogo sia delle femministe nere con le bianche sia delle donne con gli uomini.

Lorde parte dalla sua esperienza di madre, di un maschio e di una femmina, che a un certo punto si è messa con una donna. Ha infatti divorziato dal marito nel 1970 e sta con Frances Clayton. Il difficile periodo, che va dalla separazione dal marito alla decisione di convivere con Clayton, segna per Lorde un importante momento per «reinventare sé stessa» come dice la sua biografa De Veaux e abbracciare interamente la sua identità lesbica sia come donna sia come poeta. Il cammino è stato lungo soprattutto perché, come abbiamo visto, da una parte c'era la comunità nera meno aperta all'omosessualità e quella femminista non così toccata dalla questione razzista.

È evidente per Lorde che riuscire finalmente a nominarsi in tutte le proprie differenze identitarie dà potere. Ciò non la immobilizza però in una situazione data, poiché l'esperienza deve necessariamente essere sempre più forte dell'ideologia e anche in questo Lorde è profondamente femminista.

Lorde non rinuncia mai al dialogo con il maschile, anche dal punto di vista teorico. E come potrebbe, facendo parte di un popolo che ha lottato congiuntamente contro il privilegio bianco? Inoltre Audre ha anche sposato un uomo, il padre dei suoi figli, ed è la madre di un figlio maschio. E dunque quando un convegno lesbo-femminista della West Coast comunica a lei e alla compagna Frances che, non essendo ammessi maschi oltre i dieci anni, non possono portare con loro il figlio di tredici, Lorde non esita nell'articolo *Uomo bambino: la risposta femminista lesbica nera* a porre la questione del separatismo, da una parte ammettendo che «ritirarsi in gruppi» – che siano stati solo di donne o di neri, dunque di cosiddette «minoranze» escluse dalla società – ha consentito di mantenere degli «spazi essenziali per svilupparci e ricaricarci», soprattutto (molto efficace quest'espressione) ha permesso di «non dover reinventare la matita quando vuoi mandare un messaggio».

D'altra parte però, un maschio smette già a dieci anni di essere considerato un bambino e diventa automaticamente un uomo da cui doversi difendere? Sembra chiedere Lorde – e dico sembra perché questo intendo io che leggo, che sono madre di un figlio maschio di dodici anni nel 2025 –, mentre confessa: «Ogni rigo che scrivo urla che non ci sono soluzioni facili».

Di certo «quando immagina il futuro», aggiunge poi, pensa a un mondo in cui tutta la specie vivente possa cooperare e vivere «in un mondo che non richieda obbedienza o rinuncia a sé in cambio di pane, o di bellezza, o di amore».

Ciò non toglie che in quel momento storico, siamo alla fine degli anni Settanta, e in quella specifica circostanza occorra prendere una posizione – anche questo ci insegna Lorde – e agire in conflitto, dove necessario, con le compagne. Perciò non tace di fronte al fatto che il veto alla partecipazione di Jonathan al convegno «ha creato un problema logistico, oltre che filosofico», decidendo poi di riprodurre integralmente il testo della lettera che lei e Frances spediscono alle organizzatrici:

> Sorelle,
> dieci anni di vita come coppia lesbica interrazziale ci hanno insegnato sia i pericoli di un approccio troppo semplificato sia quelli insiti in una visione incompleta.
> Nostro figlio tredicenne rappresenta una speranza per il nostro mondo futuro, esattamente come nostra figlia di quindici anni, e noi non abbiamo intenzione di lasciarlo alle strade assassine di NY mentre noi ce ne andiamo all'Ovest per contribuire a creare una visione lesbo-femminista di un mondo futuro nel quale possiamo sopravvivere e prosperare tutti quanti. Spero che potremo continuare questo dialogo in un futuro prossimo, perché sento che è importante per la nostra visione e la nostra sopravvivenza.

«Spero che potremo continuare questo dialogo» dice Lorde alle compagne lesbo-femministe chiamandole «sorelle», pure se in quel momento anche rispetto a loro è da un'altra parte, *outsider*, in conflitto ma sempre in contatto. Sempre in dialogo. Perché di questo alla fine si tratta poi sempre in politica. Di spostarsi da sé e dialogare/costruire per la comunità lungo la via del possibile per quanto contrastato, difficile e contraddittorio.

In un intervento sempre di quegli anni Lorde mette insieme la figura di Malcolm X, di cui si ritiene «erede», con quella di Martin Luther King che per molte persone rappresentavano due volti completamente diversi, violento e non violento (per sintetizzare), del movimento di liberazione degli afroamericani, mentre Lorde con convinzione dice che anche loro sapevano che «non esiste una lotta monotematica perché non viviamo vite monotematiche».

E infine ci domanda:

> C'è ancora qualcuno tra noi che può permettersi di credere che gli sforzi per riprendersi il futuro possano essere privati o individuali? C'è ancora qualcuno che può permettersi di credere che la ricerca della liberazione riguardi una sola razza, un solo sesso, una sola età, religione, sessualità o classe?

4
Usi dell'erotico. Un'esplosione di luce

Arrivata alla fine voglio parlarvi d'amore, uno dei temi più importanti del pensiero di Lorde: l'amore e l'uso dell'erotico come pratica politica.

Siamo a metà degli anni Settanta. Lorde ha cominciato a insegnare in un college dove si impegna con altre docenti ad aprire un programma di Black Studies (oggi chiamati anche African Studies): un campo accademico interdisciplinare che studia la storia, la cultura e la politica del popolo africano e afrodiscendente della diaspora. Lorde aveva già evidenziato «la marcata assenza dell'esperienza di donne di Colore come risorsa nei corsi di Women's Studies» e della loro letteratura «raramente inclusa» nei programmi. Questi sono anche gli anni in cui Lorde appoggia, da donna nera e lesbica, il movimento di liberazione femminista e insieme a Frances cresce i due figli Jonathan ed Elizabeth, senza tacere loro il rapporto d'amore con la sua compagna per evitare che qualunque cosa nascosta per paura possa essere usata contro i bambini e contro la famiglia.

Non è così semplice «essere bambini Neri di coppie lesbiche», nemmeno a New York, città non così naturalmente aperta: lo abbiamo già visto negli anni Cinquanta e così vent'anni dopo, pur con tutti i nuovi movimenti in atto. Una città spesso violenta e che insegna la violenza, Lorde lo sperimenta proprio attraverso i suoi figli, soprattutto attraverso il maschio che, una volta cambiato quartiere, non ha nessuna voglia di fare a botte con i suoi compagni di scuola che lo bullizzano perché «nuovo» e figlio di una madre nera. Lorde racconta, nell'articolo *Uomo bambino* già citato, un episodio molto interessante in cui incorre lei stessa in un clamoroso errore di vittimizzazione secondaria nei confronti di suo figlio a cui dà la colpa per essere stato aggredito e non essersi difeso abbastanza visto che i compagni non sono, sulla carta, più grandi e più forti di lui.

Lorde vacilla a causa della furia per la sua impotenza di madre che nulla può fare, al di là della situazione in sé, perché non può vivere e reagire al posto del figlio. Con fatica comprende allora che «Jonathan non doveva fare a pugni se non voleva, ma doveva in qualche modo vivere meglio la sua posizione di non combattente». Su consiglio di un'amica, Lorde si avvicina invece piuttosto al sentimento del figlio confessandogli: «Ti ho mai detto che alla tua età avevo sempre paura?» e non è difficile ora per noi ripensare ai molti episodi dell'infanzia e adolescenza di Lorde, a quel senso di diversità prima subìto e poi esibito di una ragazzina nera, miope, grassa (secondo una sua definizione) e con i capelli intrecciati perché rifiuta di lisciarli come le sue sorelle e come tutte le altre alunne, gesto che le costa frequenti note da parte delle suore.

Una volta compreso l'errore, Lorde in quanto madre è capace di fare un passo indietro mostrando al figlio una vulnerabilità che, mettendo in discussione l'onnipotenza genitoriale, può consegnarlo alla vita adulta. Quest'azione non ha un significato solo personale, ma una volta di più anche politico poiché va a sabotare simbolicamente un machismo che si fonda su una società che «costringe» un ragazzo «a credere che può essere forte solo se non prova nulla, o se vince».

La lezione più importante che Lorde dice di voler insegnare a suo figlio (e così a sua figlia) è «essere la persona che lui stesso vuol essere» senza farsi distruggere da quelle «corruzioni che i padri bianchi chiamano *potere*», e «il miglior modo in cui posso farlo» dice Lorde «è essere quello che sono e sperare che da questo lui impari a non essere me, il che non è possibile, ma a essere sé stesso»: «io non esisto per provare sentimenti al posto suo».

Mi sembra questo un passaggio nodale che anche oggi può dirci moltissimo sulle nostre relazioni familiari e amorose.

In poche righe Lorde stralcia i due miti principali occidentali del rapporto madre/figlio: «Giocasta e Edipo, il figlio che scopa sua madre, e Clitennestra e Oreste, il figlio che uccide la madre». Ed è in grado di farlo perché ha trovato in sé stessa «l'erotico», una risorsa «profondamente femminile e spirituale, fermamente radicata nel potere dei nostri sentimenti inespressi o non riconosciuti», che una volta salita alla superficie della nostra consapevolezza, ci mette al corrente di ciò che siamo e ciò che vogliamo per noi stesse e per la nostra vita.

In un intervento del '78 a un convegno nel Berkshire sulla Storia delle donne, che si rivela tra i più fondanti del suo pensiero, *Usi dell'erotico: l'erotico come potere*, Lorde precisa che l'erotico di cui vuole parlare – «dal greco *eros*, la personificazione dell'amore in tutti i suoi aspetti: nato dal Caos» – non è quello comunemente legato al potere seduttivo delle donne, che da un lato è stato incoraggiato e dall'altro è stato usato dagli uomini con sospetto contro di loro.

Se la donna non ne teme la sua rivelazione, l'erotico può diventare «fonte consapevole di potere e di informazione all'interno delle nostre vite» collocandosi «tra l'inizio del nostro sé e il caos del nostro sentire più profondo».

Per Lorde l'erotico ha coinciso con la sua nuova esistenza lesbica pubblica, con la crescita dei suoi figli, con la poesia, con il suo lavoro, con le sue amiche, con le sue amanti, con la partecipazione ai movimenti di liberazione nera e femminista.

Sono lontani, anche se ancora cronologicamente vicinissimi, i tempi in cui Lorde ha accettato che una sua poesia d'amore per una donna, *Love poem*, non venisse pubblicata dall'editore nella sua terza raccolta, perché questo l'avrebbe resa vulnerabile, soprattutto di fronte alla sua comunità. In realtà l'editore all'inizio non aveva neppure capito che Lorde stava parlando di amore tra donne. Di fronte a questi versi che cito sotto, le aveva persino chiesto: «Ma tu stai parlando al posto di un uomo?».

[...] E io sapevo quando entravo in lei che ero
vento forte nella sua cava di foresta
dita sussurravano suoni
miele scorreva
dalla coppa spaccata
impalata su una lancia di lingue
sulla punta dei suoi seni sul suo ombelico [...]

Lorde riesce a far finalmente inserire questa poesia nella raccolta successiva del '74, *New York Head Shop and Museum*, e anche questo significa fare un uso dell'erotico della propria vita, e non perché sia una poesia d'amore: si tratta piuttosto di affermare la propria verità senza infingimenti.

Lorde si chiede poi perché le donne che amano le donne siano una tale minaccia, anche per gli uomini neri che appartengono alla Harlem Writers Guild, se non perché questi vogliono assumere la posizione dei maschi eteronormativi bianchi.

Lorde comprende che l'amore e l'erotico hanno il potere di fare la rivoluzione di contro a quelle che Deleuze chiamerebbe le «passioni tristi» di paura e angoscia, non a caso alimentate dai tiranni per tenere i popoli sotto scacco delle loro superstizioni e dei loro odi profondi verso l'altro da sé. Un'angoscia soprattutto maschile per una storia secolare di uomini che hanno paura dei sentimenti e che hanno sempre avuto accanto donne che sentivano «al posto loro», salvo per questo considerarle inferiori, negando a sé stessi «la propria essenziale umanità», e restando intrappolati in una dipendenza e in una paura che censurano in sé trasformandola in ombra terribile e cupa. La storia è piena anche oggi di dittatori che non riescono a sentire e a godere in sé dell'altro da sé.

E una rivoluzione femminista, ai nostri giorni diventata transfemminista, fa paura perché ancor prima del mondo chiede di cambiare la nostra persona. «La guida viene sempre da dentro», afferma sicura Lorde.

Lo dirà anni dopo da posizioni sicuramente diverse, ma che avverto profondamente dialogiche con il discorso di Lorde, anche Paul Preciado in *Terrore anale*, che la capacità di un corpo di godere determina anche la sua capacità di cambiare il mondo poiché godere determina la capacità di ascoltare il proprio potenziale erotico, creativo, energetico, amatorio, sessuale.

L'erotico, infatti, per sua stessa costituzione e movimento, non può fermarsi all'individuo, ma consiste nella gioia, intesa come «essere-in-contatto-con-sé», che si prova quanto più pienamente e intensamente facciamo qualcosa e nella capacità di condivisione di quest'attività con un'altra persona e/o con la comunità.

È un tale senso di soddisfazione interiore che dopo aver sperimentato questo potere «non possiamo, in onore e rispetto di noi, pretendere di meno da noi stesse». Non deve essere scambiato con il chiedere l'impossibile a noi e alle altre, dice Lorde, e di certo, preciso io, non ha nulla a che fare con la versione femminista capitalistica dell'*em-*

powerment e con varie fantasie di perfezionismo e di pretesa eternità della forza, della giovinezza e della sessualità. Stiamo parlando di qualcosa di molto più intimo.

L'erotico di Lorde è ben lontano dalla nauseante ricerca di una felicità dei consumi più simile a una catatonia portata avanti disperatamente da un Occidente che ha eliminato la morte dal suo orizzonte d'attesa e ha creduto alla promessa, all'auto-incantesimo che si è fatto, di poter essere felice individualmente. O al limite insieme ma virtualmente, senza i corpi.

> Con la celebrazione dell'erotico in ogni cosa che intraprendo il mio lavoro diventa una decisione consapevole: un letto fortemente desiderato nel quale entro con gratitudine e dal quale mi alzo più potente.
> Naturalmente le donne che si sono guadagnate quel potere sono pericolose. Ecco perché ci insegnano a separare la richiesta erotica dalle aree più vitali della nostra esistenza, a parte il sesso.

E invece dovremmo prenderci cura della radice erotica del nostro lavoro – ci sprona Lorde – inteso come l'insieme delle nostre occupazioni, delle nostre attività, della nostra vita. Che spesso è misurata dalla società in cui viviamo in termini di profitto invece che di bisogno tanto che il nostro lavoro è spogliato dalla sua valenza erotica, dalla desiderabilità e pienezza esistenziale.

L'erotico funziona invece nella condivisione profonda di questa gioia sia con un'altra persona sia con la comunità, senza bisogno di chiamarlo matrimonio, dio, morte.

> Siamo state allevate a temere il sì dentro di noi, i nostri desideri più profondi e così si rischia di vivere al di fuori di sé stesse. L'erotico è entrare nelle cose con la nostra sorgente creativa più profonda, il nostro desiderio.

Un anno prima dalla stesura di questo articolo, negli ultimi mesi del '77, con l'autopalpazione Lorde scopre che ha un nodulo al seno, ma la prima biopsia è negativa. La seconda, un anno dopo, invece è positiva. Lorde ha un cancro. Dovrà subire una mastectomia, cioè l'asportazione totale di uno dei due seni.

Tanti anni prima Eudora Garnett, sua compagna e mentore in Messico, a una giovane Lorde ventenne che era andata via da New York per prendersi una pausa di qualche mese da una vita già piuttosto dura che l'aveva vista girovagare da una casa all'altra, con l'ansia di non riuscire a mantenersi dopo un aborto illegale, aveva detto: «Non sprecare niente, neppure il dolore».

E adesso sembra arrivato di nuovo quel momento.

Ogni donna reagisce alla crisi che porta nella sua vita la diagnosi di un cancro pensando a chi è e alla vita che ha vissuto, scrive Lorde nei diari che comincia subito a tenere tra il '77 e il '79 e che usciranno nel 1980 con il titolo di *The Cancer Journals* (I diari del cancro), tradotti in italiano da Margherita Giacobino e Marta Gianello Guida nella prima edizione di *Sorella Outsider* del 2014.

«Rovesciare il mondo. È come ribaltare la mia vita, rovesciarla da dentro a fuori. Lasciare che il dolore passi attraverso altrimenti potrebbe mandare tutto in frantumi.» Lorde sembra qui rispondere dopo anni alle parole di Eudora, che per coincidenza è stata la prima donna da lei conosciuta a non nascondere una mastectomia. Non aveva infatti nessuna protesi a coprire/simulare il seno perso.

E sicuramente anche a lei deve aver pensato Lorde quando, distesa su un letto d'ospedale, pochi giorni dopo la sua mastectomia, ancora molto dolorante e traumatizzata, vede arrivare nella sua stanza la volontaria di un'associazione che aiuta le donne che hanno avuto la sua stessa esperienza.

«E pur facendo una pregevole azione», così la chiama Lorde, quella volontaria le fa capire che una donna può essere la stessa di prima: basta applicare al posto di quel vuoto e di quelle cicatrici una protesi di silicone.

Ogni donna che abbia subìto l'asportazione di un seno sa che non si sente la stessa di prima, ma non le viene concesso, dice Lorde, né il tempo psichico né lo spazio per prendere in esame le sue vere sensazioni e appropriarsene. L'enfasi sul fisico e sull'estetica incoraggia la donna a guardare al passato anziché al futuro per voler essere esattamente quella di prima e fa sì che la donna non affermi sé stessa nel presente. Costretta a piangere la perdita del suo seno in segreto come fosse il risultato di un crimine di cui è colpevole.

Anche attraverso questa sua esperienza Lorde non può fare a meno di pensare a quella di tutte le altre donne, partire da sé per arrivare sempre alle altre.

Nei diari riporta anche i risultati delle sue ricerche, informando chi legge che la maggior incidenza del cancro al seno è tra le donne che hanno tra i quaranta e i cinquantacinque anni, proprio nel momento in cui una donna comincia a essere rappresentata dai media con meno appetibilità (almeno questo negli anni '80, quando scrive Lorde). In realtà quello è un momento in cui la donna è al massimo grado dei suoi poteri e della sua forza psichica – precisa lei poco dopo –, spesso più libera dalle inquietudini e dalle insicurezze degli anni giovanili, più capace di discernere la bellezza e trovarla negli altri.

Non c'è niente di male in sé nell'uso delle protesi se possono venire scelte liberamente dopo che una donna ha avuto la possibilità di accettare il suo nuovo corpo. Ma l'attenzione tutta concentrata sull'aspetto cosmetico del dopo operazione rafforza lo stereotipo femminile di una società che vede le donne come macchine decorative, beni sessuali oggettificati e spersonalizzati che devono pensare incessantemente all'aspetto estetico anche durante una malattia, pure mentre stanno attraversando il dolore e un'angoscia di morte.

Se ci pensate, riflette ancora Lorde, quella del seno è l'unica protesi che non serve a niente: la dentiera serve a masticare, gli arti artificiali fanno camminare, e così le mani che servono per qualsiasi cosa, mentre nessuna donna che porti una protesi può credere veramente che quello sia il suo seno.

La protesi serve prima di tutto agli altri, a chi guarda, per non misurarsi con la propria mortalità.

Eppure quando un primo ministro (è Lorde che fa quest'esempio) si presenta con una benda, nessuno gli dice di comprare un occhio di vetro, il mondo vede un guerriero con una perdita e un superamento.

> In ospedale pensavo: ci sarà pure una femminista lesbica Nera con il cancro, come si comporterebbe? Poi mi sono resa conto che quella ero io, ero io che dovevo dirmi cosa fare, nessun'altra poteva dirmelo. Determinazione, poesia, tutto sta nel lavoro. E scrissi anche un pezzo per andare a un convegno.

Nella celebre intervista di Adrienne Rich, Lorde ricorda all'amica che la sta intervistando che dopo la biopsia del '77 che pure si era rivelata negativa, e dunque di nessun pericolo, Lorde non voleva più andare a un convegno femminista a Chicago e proprio Rich l'aveva convinta ad andare. Non posso non sorridere pensando a questa ulteriore coincidenza nelle nostre vite così diverse, e sono sicura che tutte coloro che leggono Lorde possano trovare qualcosa che le riguarda profondamente. Proprio ora che ci stiamo avviando verso la fine di questa storia mi rendo conto che avrei potuto scrivere un libro completamente diverso su Audre Lorde, dando attenzione a un aspetto piuttosto che a un altro. E sono sicura che se avessi scritto un libro su di lei a trent'anni avrei messo in luce altre questioni, o comunque con sfumature diverse, probabilmente più legate al suo essere una figlia ribelle, o analizzando in modo puntuale il percorso poetico tra le varie opere, visto che mi occupavo più strettamente di critica letteraria. Così se dovessi scrivere un altro libro su di lei tra dieci anni, sentirei di dovermi misurare con altre questioni. Poche autrici e autori sono capaci di parlare così intensamente a parti così diverse che si trovano tutte dentro di noi, quelle famose differenze che non sono soltanto «tra» di noi.

Tornando a Lorde, quando Lorde arriva finalmente al convegno di Chicago, dice alle donne che sono lì che la visione della sua mortalità in quelle ultime settimane l'ha fatta entrare in contatto con i suoi desideri ma soprattutto con le sue omissioni, e quello che era balzato agli occhi in una luce impietosa erano stati i suoi silenzi, si era resa conto che quei silenzi non l'avevano protetta prima e non l'avrebbero protetta ora dalla morte, perciò tanto valeva parlare, anche a rischio di vedere le proprie parole ferite o equivocate. Lorde si rende conto inoltre che scrivere in prosa, oltre che in poesia, le dà un accesso ulteriore a un pensiero trasformativo che può essere condiviso ancora più rapidamente con altre donne e soggetti che ne hanno bisogno e con cui lei ha bisogno di confrontarsi.

Dopo la mastectomia diventa ancora più importante per Lorde sviluppare «il proprio senso interiore di potere». Si chiede, sempre nei *Diari*:

> Di cosa potremmo mai più avere paura dopo aver guardato in faccia la morte e averla abbracciata? Una volta che accettiamo il fatto concreto della nostra morte, chi potrà ancora avere potere su di noi?

Negli stessi giorni ha scritto anche una delle sue poesie più belle, *Litania per la sopravvivenza*:

> Per quelle di noi che vivono sul margine
> ritte sull'orlo cruciale della decisione
> cruciali e sole
> per quelle di noi che non possono lasciarsi andare
> ai sogni passeggeri della scelta
> che amano sulle soglie mentre vanno e vengono
> nelle ore fra un'alba e l'altra [...]
> Per quelle di noi
> che sono state marchiate dalla paura
> come una ruga leggera al centro delle nostre fronti [...]
> Per tutte noi
> questo istante e questo trionfo
> non era previsto che noi sopravvivessimo.

Anche *Zami. Così riscrivo il mio nome* è scritto tra il '79 e l'82, Lorde lo definisce «un'ancora di salvezza durante l'esperienza del cancro» e l'intervento *Usi dell'erotico: erotico come potere* è scritto tra la prima biopsia e la scoperta del cancro nel '78.

E in effetti i quattordici anni che seguono, in cui si alternano salute e malattia, dalla prima diagnosi del '78 fino alla sua morte nel '92, sono fecondissimi: un vero e proprio trionfo dell'erotico. Lorde viaggia moltissimo sia in Europa, a Berlino, sia in Russia, a Cuba, continua a insegnare, fonda la prima casa editrice di autrici nere, e varie associazioni di crescita e supporto per donne maltrattate. Vive e scrive moltissimo. La maggior parte degli interventi che abbiamo letto finora li ha pronunciati in questi quattordici anni, tra i primi appunto quello che scrive poco dopo aver aspettato i risultati della biopsia, in cui parla di trasformare il silenzio in azione, che si può considerare il principio politico-ideologico da cui si sviluppa il pensiero e l'azione di Lorde.

Questa incredibile vitalità che è anche una risposta alla paura, come ammette lei stessa, che ogni malattia mortale porta con sé, non impedisce a Lorde di riflettere sugli aspetti sociali e collettivi di un evento considerato troppo spesso individuale: una sorta di «sfortuna» del singolo, o peggio di sua colpa. Tanto che quando un dottore in ospedale dice a Lorde che la tristezza dà il cancro, lei risponde che il cancro è causato da ciò che si mangia e beve, non si può mica essere felici tutto il tempo né servirebbe a qualcosa.

Come non pensare allo stigma sociale del cancro di cui parla negli stessi anni anche Susan Sontag in *Malattia come metafora*?

Tutto ha sempre un risvolto politico. Meglio dare la colpa all'individuo e non a una società capitalista altamente inquinante e predatoria della natura e della stragrande maggioranza degli abitanti di un pianeta che non può decidere realmente nulla delle questioni più importanti. Così Lorde in un intervento dell'82 raccolto in *Sorella Outsider*:

> Le decisioni di tagliare gli aiuti per i malati terminali, gli anziani, i figli a carico, per i buoni alimentari, addirittura per le mense scolastiche vengono prese da uomini che hanno la pancia piena e vivono in confortevoli case con due macchine e innumerevoli agevolazioni fiscali.

Mackda Ghebremariam Tesfaù, sociologa dei processi culturali e comunicativi, da me intervistata qualche mese fa per il podcast su Lorde, cita a tal proposito queste sue parole: «Prendermi cura di me non è autoindulgenza ma autoconservazione ed è un atto di guerriglia politica». «Quello che Lorde intende» dice Tesfaù «è che, in un contesto che prospera sullo sfruttamento e sul logoramento delle vite nere, prendersi cura di sé non è solo necessario ma è anche immediatamente un atto politico di resistenza materiale e simbolica» soprattutto perché «Lorde vive una malattia femminile, quella del tumore al seno, in un corpo nero all'interno di un sistema sanitario statunitense classista, razzista e sessista.

Quello che dice Audre Lorde e che ribadiscono da tempo le femministe nere è che l'esperienza stessa dell'oppressione è veicolo di malattia e che prenderci cura di noi è un modo per dichiarare guerra al sistema che la produce».

In questi anni Lorde intensifica i viaggi che aveva già cominciato a fare a metà degli anni '70, potendosi giovare di una situazione economica più stabile, andando a visitare sia i Caraibi, terra natale dei genitori, sia diversi paesi dell'Africa, cominciando dalla parte occidentale di Ghana, Benin, Togo, che sente in forte connessione con il suo passato familiare, cercando di ricostruire i movimenti diasporici di quelle popolazioni schiavizzate verso il paese dei suoi genitori.

La sua ricerca personale e familiare la porta poi a scoprire le antenate nere, Afrekete e le dee guerriere, le Amazzoni del Benin, ispirando la sua poesia con la raccolta *The Black Unicorn* (1978), uno dei risultati più originali del riattraversamento della mitologia africana. Dalla poesia omonima si vede come l'unicorno nero sia completamente diverso da quel simbolo di castità presente nell'iconografia europea:

> L'unicorno nero è ingordo./ L'unicorno nero è impaziente./ [...] trascinato/ attraverso un paese freddo/ dove la nebbia ha dipinto parodie/ della mia furia./ Non è nel grembo di lei che il corno riposa/ ma nel profondo del suo cratere di luna/ crescente. [...]

I viaggi in Africa in cui fa esperienze di prima mano e la volontà di collegarsi al Panafricanismo distaccano Lorde da una essenzializzazione della lotta antirazziale che, soprattutto nella scrittura in prosa, cerca di decostruire gli stereotipi sulle donne africane. Nel '79 scrive infatti alla filosofa femminista bianca Mary Daly che nel pur interessante articolo *Gyn/Ecology* ha dato la parola alle donne africane solo per parlare di mutilazioni genitali, banalizzando l'esperienza archetipica nera.

Daly aveva ricostruito una genealogia solo europea occidentale non nominando, ossia mostrando di non conoscere, le antenate nere. E invece avrebbe dovuto approfondire la conoscenza delle dee guerriere, le Amazzoni del Dahomey (oggi Benin), Yemanjà, dea yoruba dell'oceano e di Afrekete (omonima di una ragazza amata da Lorde a vent'anni, detta Kitty, una prima immersione nel mondo afrocaraibico).

Ignorare le antenate nere vuol dire banalizzare l'esperienza archetipica nera, dice Lorde. Ed è ancora più doloroso che lo faccia una donna, una femminista così attenta.

Lorde stessa si identifica in quegli anni con la dea madre con un solo seno, Seboulisa, e sempre più spesso si veste con vestiti africani. Così la raffigura nella poesia *125esima Strada e Abomey* contenuta nella stessa raccolta del '78:

Con la testa piegata, camminando nella neve
io vedo te Seboulisa
stampata dentro la mia nuca
come i segni delle treccine fatte da poco
[...]
prendi la mia paura di essere sola
come le mie sorelle guerriere
che galopparono in difesa della tua sovranità
emarginate e col volto coperto
dai alla donna la potenza
della lingua in questa fredda stagione.
[...]
madre Seboulisa dea con un seno solo
rosa dai vermi della pena e della dimenticanza
guardami ora
tua figlia separata da te
sta ridendo il nostro nome nell'eco
che tutto il mondo ricorderà.

In un primo momento il tumore sembra superato. Lorde scrive nei *Diari*:

> 20 gennaio, il romanzo è terminato. Il mio lavoro mi ha tenuto in vita in questo ultimo anno, il mio lavoro e l'amore delle donne. Due cose inseparabili l'una dall'altra. Nel riconoscere l'esistenza dell'amore sta la risposta alla disperazione. Il lavoro è quel riconoscimento al quale sono stati dati una voce e un nome.

Eppure, al solito, la forza che esprime Lorde viene sempre dal riconoscimento della propria vulnerabilità:

> Ho imparato molto nei diciotto mesi di mastectomia. In quanto donne siamo state allevate ad avere paura. Se non posso bandirla posso almeno considerarla accanto una compagna e non una tiranna. Non posso aspettare di non avere affatto paura.

E dunque, la vera battaglia non è contro il cancro, altro stereotipo insopportabile dei nostri tempi, come se chi sta male fosse anche responsabile del suo epilogo, ma contro la società che lo ha prodotto. In questo senso si è delle guerriere.

> Anche le donne con il cancro al seno sono delle guerriere. Io sono stata in guerra, lo sono ancora.

> E come me ogni donna che abbia avuto uno o entrambi i seni amputati a causa di un cancro che sta diventando il flagello fisico primario del nostro tempo. Per me, le mie cicatrici sono la testimonianza onorevole che io posso diventare una vittima della guerra cosmica contro le radiazioni, il grasso animale, l'inquinamento dell'aria, gli hamburger di McDonald's e il colorante rosso n. 2, ma la battaglia va avanti, e io ne faccio ancora parte. Mi rifiuto di nascondere o banalizzare le mie cicatrici dietro un cuscinetto di lana o del gel al silicone. Mi rifiuto di essere ridotta ai miei stessi occhi e a quelli degli altri da guerriera a semplice vittima, solo perché questo potrebbe rendermi un tantino più accettabile e meno pericolosa agli occhi dei compiacenti, quelli che credono che un problema cessa di esistere se lo nascondi. Mi rifiuto di nascondere il mio corpo solo per mettere a suo agio un mondo che soffre di fobia verso le donne.

Il 1978 è dunque un anno cruciale in cui Lorde, oltre ad avere avuto una diagnosi di cancro, una mastectomia, oltre ad aver scritto l'intervento sugli usi dell'erotico e pubblicato *The Black Unicorn*, è riuscita qualche mese prima a visitare per la prima volta Grenada, l'isola caraibica dove sono nati i suoi genitori e dove conosce Gloria Joseph, docente universitaria e intellettuale femminista che diventerà qualche tempo dopo la sua ultima compagna.

Homing è una parola della lingua inglese che definisce la capacità di ritrovare la rotta verso casa da distanze più o meno considerevoli: un tratto etologico di diverse specie animali. Estendendo il significato della parola, nei contesti postcoloniali e migratori il termine *homing* viene usato per definire il ritrovarsi, trovare familiarità attraverso percorsi inediti, come ci ricorda Tiziana de Rogatis nel suo omonimo libro. E dunque Lorde sente il bisogno di andare a cercare quella casa di cui tante volte la madre le ha parlato, ricongiungersi con quel sogno materno irrealizzato di tornare alla fonte, andare alla radice di una migrazione da cui tutto è partito. Ma l'approccio di Lorde, come possiamo ormai immaginare, non è quello nostalgico per un paese in cui mai ha vissuto. Si tratta invece di osservare quanto più possibile quel mondo ventriloquo di lingue e culture che le appare familiare ed estraneo al tempo stesso. Uno stesso approccio avrà anche un'altra scrittrice afrocaraibica con cittadinanza statunitense, Jamaica Kincaid, che quando si reca nella sua terra d'origine, Antigua, non può fare a meno di descrivere quel «posto piccolo» (*A small Place* è il titolo originale dell'opera) come una terra depredata e trasformata dalla nuova industria del turismo e dall'antico colonialismo inglese.

E così la Grenada di Lorde, minuscola isola di spezie, vende il suo cacao a tutto il mondo, ma i suoi abitanti pagano otto volte quel prezzo se vogliono bersi una cioccolata calda confezionata. E importata. E questo dice tutto sul colonialismo, commenta amaramente Lorde.

Prima di prendere la decisione di andare a vivere stabilmente in un'isola lì vicino, a St. Croix, Audre compie diversi viaggi ai Caraibi registrando la diversa situazione politica di Grenada quando in pochi mesi passa da un golpe incruento, che dà finalmente inizio al Governo rivoluzionario del popolo, fino a una nuova invasione degli Stati Uniti nel 1983. Da quel momento Lorde si definisce afro-caraibica-americana. Un suo discorso al convegno sulle scrittrici caraibiche a St. Croix determina la fondazione della Coalizione delle donne dell'isola. I discorsi pubblici di Lorde hanno il grande potere di infiammare le platee.

Nel 1984 le viene diagnosticato un cancro al fegato e poco dopo comincia a scrivere un nuovo diario che uscirà con il nome di *A Burst of Life* (*Un'esplosione di luce. Vivere con il cancro*).

Comincia un nuovo periodo di viaggi e di cure. Nello stesso anno va tre mesi alla libera Università di Berlino in seguito all'invito di Dagmar

Schultz, che da quell'esperienza trae il documentario già citato nell'Introduzione *Audre Lorde – The Berlin Years 1984 to 1992*, che ripercorre un periodo molto intenso di lezioni e incontri che Lorde tiene davanti a una platea riconoscente ed eccitata per le sue parole: «Voi dovete lavorare insieme, rendervi visibili e alzare la voce, ognuna a modo suo». Si rivolge soprattutto alle donne nere tedesche che non hanno ancora trovato un loro spazio. Gloria Joseph, intervistata da Schultz, dice che Lorde ha spinto quelle donne a riconoscere la loro identità, le ha fatte sentire parte di una comunità, e infatti poi loro cominciano a scrivere e fondare riviste.

Nell'85 Lorde va a Cuba con una delegazione di scrittrici nere per osservare la cultura post rivoluzionaria, poi a Melbourne in Australia per parlare di come usare le differenze nelle battaglie comuni. Nello stesso anno viene inaugurato un centro di poesia a suo nome nello stesso college che lei aveva frequentato: l'Hunter.

Poco dopo Lorde si ricovera per quattro mesi a Basilea dove viene confermata la diagnosi e dove ha ormai deciso di affidarsi alle cure alternative del naturopata Manfred Kuno che ha conosciuto a Berlino facendo un'altra scelta di autodeterminazione, in malattia così come in salute, per un corpo che, in quanto nero, ha sempre lottato tutta la vita per la sua sopravvivenza.

«Quello che ho trovato alla clinica Lukas ha aiutato a salvarmi la vita» dice Lorde che nell'86 va nell'isola di Anguilla per un grande convegno sulle donne caraibiche organizzato dalla futura compagna Gloria Joseph. Poi vola in Francia e infine a New York dove scrive:

> È tempo di portare avanti il lavoro urgente. Un tempo reso incandescente dalla ferrea rivendicazione di quel che io chiamo l'esplosione di luce – la consapevolezza inevitabile, dentro le ossa, della mia limitazione fisica.

L'esplosione di luce diventa dunque quello che si può ancora fare nonostante, o forse, anche a causa del cancro. Esce un'altra raccolta di poesie *Our Dead Behind Us*. Nell'88 le viene confermata la diagnosi di metastasi al fegato. Lorde vende la casa di New York e va ad abitare a St. Croix con Gloria Joseph. Nell'89 è in prima fila a documentare i disastri dell'uragano Hugo e fonda con Gloria una nuova casa editrice: la Winds of Change Press.

Nel '91 Lorde viene nominata New York State Poet. È la prima volta per una persona nera e donna.

E Lorde continua a scrivere poesie (uscirà postuma la sua ultima raccolta di poesie inedite *The*

Marvelous Arithmetics of Distance) e, proprio ora che vive nella terra dei genitori, ne dedica una al padre, con cui ha condiviso la nerezza, i suoi idoli di musica e cinema, e le storie di sua madre che «girano veloci nelle sere di inizio estate» mentre la malattia procede e in un'altra poesia quasi si rallegra perché quel giorno potrebbe essere l'ultimo ma non lo è.

«Oggi non è il giorno./ Potrebbe esserlo/ ma non lo è./ Oggi è oggi/ nei primi movimenti della mattina/ il sole brilla sopra» e «quanto è difficile dormire/ nel mezzo della vita», scrive in *The Electric Slide Boogie*, quando la vita è ancora così viva.

Audre Lorde muore il 17 novembre a St. Croix circondata dall'amore della sua compagna e di tutte le altre donne con cui ha stretto relazioni in quegli anni e che la conoscono con il suo nuovo nome africano di Gamba Adisa che vuol dire «guerriera: colei che ha reso noto il suo significato».

Mi piace concludere questa storia di Audre Lorde con le parole tratte dal suo ultimo diario *Un'esplosione di luce. Vivere con il cancro*:

> Riconoscere il privilegio è il primo passo per renderlo accessibile a un più largo uso. Ognuna possiede una sua particolare fortuna che la riconosca

o no. E ognuna di noi a un certo punto della vita, deve aprirsi all'interno di quella particolare fortuna uno spazio in cui radunare le risorse di cui dispone per fare quel che va fatto.

Io sono stata molto fortunata nella vita. Ho avuto la fortuna di credere appassionatamente, di amare profondamente, e di poter lavorare a partire da quella fede e da quell'amore. Per me la vita e l'uso che ne faccio sono inseparabili e ho la responsabilità di fare un buon uso di quel privilegio e di quella vita.

Per me vivere pienamente significa avere il massimo possibile accesso alla mia esperienza. Significa scrivere le mie poesie, raccontare le mie storie e parlare a partire da ciò che mi sta più a cuore e contro le tante forme di anti-vita che ci circondano.

Voglio vivere la vita che ho nel modo più pieno e più bello possibile, e non concentrarmi soltanto nel prolungarla per un tempo non meglio specificato. Considero questa una decisione politica e salvifica, e sono fortunata a poterla prendere.

Audre Lorde 1934-1992

Bibliografia

Opere di Audre Lorde tradotte in italiano

Audre Lorde, *Uso dell'erotico: l'erotico come potere*, CLI, Roma 1995.

Audre Lorde, *Zami. Così riscrivo il mio nome* (ed. or. *Zami. A New Spelling of my Name*, 1982), a cura di Liana Borghi, traduzione di Grazia Dicanio, ETS, Pisa 2014.

Audre Lorde, *Sorella Outsider. Gli scritti politici di Audre Lorde* (ed. or. *Sister Outsider. Essays and Speeches*, 1984), a cura e traduzione di Margherita Giacobino e Marta Gianello Guida, Il Dito e La Luna, Milano 2014, poi in A. Lorde, *Sorella Outsider. Scritti politici*, prefazione di Rahel Sereke, traduzione di Margherita Giacobino e Marta Gianello Guida, Meltemi, Milano 2022.

Audre Lorde, *D'amore e di lotta. Poesie scelte*, a cura e traduzione di WIT – Women in Translation, Le Lettere, Firenze 2018.

Audre Lorde, *I diari del cancro* (ed. or. *The Cancer Journals*, 1980), in *Sorella Outsider. Gli scritti politici di Audre Lorde*, Il Dito e La Luna, Milano 2014.

Audre Lorde, *Un'esplosione di luce. Vivere con il cancro* (ed. or. *A Burst of Light: Living with Cancer*, 1984), Il Dito e La Luna, Milano 2014.

Raccolte poetiche in lingua originale

Audre Lorde, *The First Cities*, Poets Press, New York 1968.

Audre Lorde, *Cables to Rage*, Broadside Press, Detroit 1970.

Audre Lorde, *From a Land Where Other People Live*, Broadside Press, Detroit 1973.

Audre Lorde, *The New York Head Shop and Museum*, Broadside Press, Detroit 1974.

Audre Lorde, *Coal*, Norton, New York 1976.

Audre Lorde, *Between Our Selves*, Eidolon, Point Reyes (CA) 1976.

Audre Lorde, *The Black Unicorn*, Norton, New York 1978.

Audre Lorde, *Chosen Poems: Old and New*, Norton, New York 1982.

Audre Lorde, *Our Dead Behind Us*, Norton, New York 1986.

Audre Lorde, *Undersong: Chosen Poems Old and New*, Norton, New York 1992.

Audre Lorde, *The Marvelous Arithmetics of Distance*, Norton, New York 1993.

Audre Lorde, *The Collected Poems of Audre Lorde*, Norton, New York 1997.

Biografia e film su Audre Lorde

Alexis De Veaux, *Warrior Poet: A Biography of Audre Lorde*, Norton, New York 2006.

Dagmar Schultz, *Audre Lorde – The Berlin Years 1984 to 1992*, film biografico, 2012.

Libri citati nel testo

AA.VV., *This bridge called my back. Writings by radical women of color*, a cura di Cherríe L. Moraga e Gloria E. Anzaldúa, Persephone Press, Watertown (MA) 1981.

AA.VV., *Showing Our Colors. Afro-German Women Speak Out*, a cura di May Opitz, Katharina Oguntoye e Dagmar Schultz, University of Massachusetts (MA) 1991.

Chimamanda Ngozi Adichie, *Il pericolo di un'unica storia*, Einaudi, Torino 2020.

Gloria E. Anzaldúa, *Luce nell'oscurità. Luz en lo*

oscuro. Riscrivere l'identità, la spiritualità, la realtà, Meltemi, Milano 2022.

Mary Daly, *Gyn/Ecology. The Metaethics of Radical Feminism*, Beacon Press, Boston 1978.

Angela Davis, *Donne, razza e classe*, Alegre, Roma 2018.

Tiziana De Rogatis, *Homing/Ritrovarsi. Traumi e translinguismi delle migrazioni in Morante, Hoffman, Kristof, Scego e Lahiri*, Università per Stranieri di Siena, Siena 2023.

Gilles Deleuze, *Spinoza e il problema dell'espressione*, Quodlibet, Macerata 1999.

John Dewey, *Esperienza e educazione*, Raffaello Cortina, Milano 2014.

W.E.B. Du Bois, *Le anime del popolo nero*, Le Lettere, Firenze 2007.

Mounia El Kotni e Maëlle Sigonneau, *Im/paziente. Un'esplorazione femminista del cancro al seno*, Capovolte, Alessandria 2023.

Annie Ernaux, *Il posto*, L'orma, Roma 2014.

Annie Ernaux, *L'evento*, L'orma, Roma 2019.

Frantz Fanon, *I dannati della terra*, Einaudi, Torino 1961.

Sara R. Farris, *Femonazionalismo. Il razzismo nel nome delle donne*, Alegre, Milano 2019.

Nancy Fraser, *Capitalismo cannibale. Come il sistema sta divorando la democrazia, il nostro senso di comunità e il pianeta*, Laterza, Roma-Bari 2023.

Paulo Freire, *La pedagogia degli oppressi*, Mondadori, Milano 1971.

bell hooks, *Elogio del margine. Razza, sesso e mercato culturale*, Feltrinelli, Milano 1998.

Jamaica Kincaid, *Un posto piccolo*, Adelphi, Milano 1988.

Mary McAnally, *We Will Make A River*, West End Press, Cambridge 1979.

Lea Melandri, *Scrittura di esperienza: una mineralogia del pensiero*, in Ead., Cattive Maestre, *Dietro la cattedra, sotto il banco. Il corpo a scuola*, Prospero, Novate Milanese 2024, pp. 87-100.

Anna Maria Ortese, *Un paio di occhiali*, in Ead., *Il mare non bagna Napoli*, Einaudi, Torino 1953.

Paul B. Preciado, *Terrore anale. Appunti sui primi giorni della rivoluzione sessuale*, Fandango, Roma 2018.

Karen D. Pyke, *What is Internalized Racial Oppression and Why Don't We Study It? Acknowledging Racism's Hidden Injuries*, in «Sociological Perspectives», vol. 53, n. 4, 2010, pp. 551-572.

Adrienne Rich, *Eterosessualità obbligatoria ed esistenza lesbica*, in «DWF donnawomanfemme», n. 23-24, 1985, pp. 5-40.

Adrienne Rich, *Nato di donna. Cosa significa per gli*

uomini essere nati da un corpo di donna, Garzanti, Milano 1977.

Susan Sontag, *Malattia come metafora. Il cancro e la sua mitologia*, Einaudi, Torino 1979.

Gayatri Chakravorty Spivak, *Critica della ragione postcoloniale*, Meltemi, Roma 2004.

Caterina Venturini, *QUCHI. Quello che ho ingoiato*, E/O, Roma 2022.

Ringraziamenti

Ringrazio l'intera genealogia di donne e soggetti queer militanti che sono state fondamentali per la circolazione, la traduzione, la cura e la pubblicazione degli scritti di Audre Lorde in Italia e che ho citato nel corso del libro.

Ringrazio Sonia Sabelli che per prima con i suoi lavori sul post e decoloniale mi ha fatto conoscere Audre Lorde, e Kwanda Ford che in California mi ha introdotto ai Black Studies.

Grazie a Brina Kenny, Francesca Mancini, Barbara Piccolo e Maddalena Vianello del festival In-Quiete, creatrici con Solferino del progetto Genealogie, per aver dato spazio a questa pensatrice di incredibile forza, così radicale nell'analisi e nella lotta, ma sempre protesa in quello sforzo di costruzione collettiva che è la politica.

Grazie a Viola Lo Moro e alla pace e bellezza della sua casa dove ho scritto la maggior parte di questo libro.

Grazie a Michela Gallio per la sua cura nell'accogliere questo lavoro. E a Raffaella Lops soprattutto per una certa conversazione in aprile.

Voglio infine segnalare un libro francese che raccoglie l'eredità di Audre Lorde. Si chiama *Im/Paziente. Un'esplorazione femminista del cancro al seno*. Lo hanno scritto Mounia El Kotni e Maëlle Sigonneau. Ho avuto la fortuna di presentarlo alla libreria Tuba di Roma durante il festival InQuiete.

Indice

Questo libro è stampato fabbricato da Grafica Veneta S.p.A.
con un processo di stampa e rilegatura certificato 100% carbon neutral
in accordo con PAS 2060 BSI

Finito di stampare nel mese di marzo 2025
per conto di RCS MediaGroup S.p.A.
da Grafica Veneta S.p.A., Via Malcanton 2,
Trebaseleghe (PD)
Printed in Italy